Bibliothèque Religieuse, Morale, Littéraire,

POUR L'ENFANCE ET LA JEUNESSE,

PUBLIÉE AVEC APPROBATION

DE Mgr L'ARCHEVÊQUE DE BORDEAUX.

Propriété des Editeurs.

916

8° O³
146
D

LES VOYAGES

DU PETIT ANDRÉ

EN AFRIQUE.

PAR A. E. DE SAINTES.

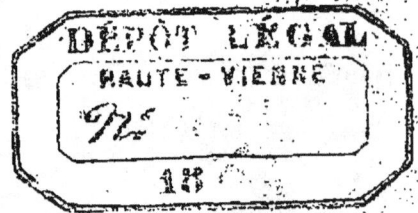

LIMOGES

MARTIAL ARDANT FRÈRES, ÉDITEURS,

Rue de la Terrasse.

1864

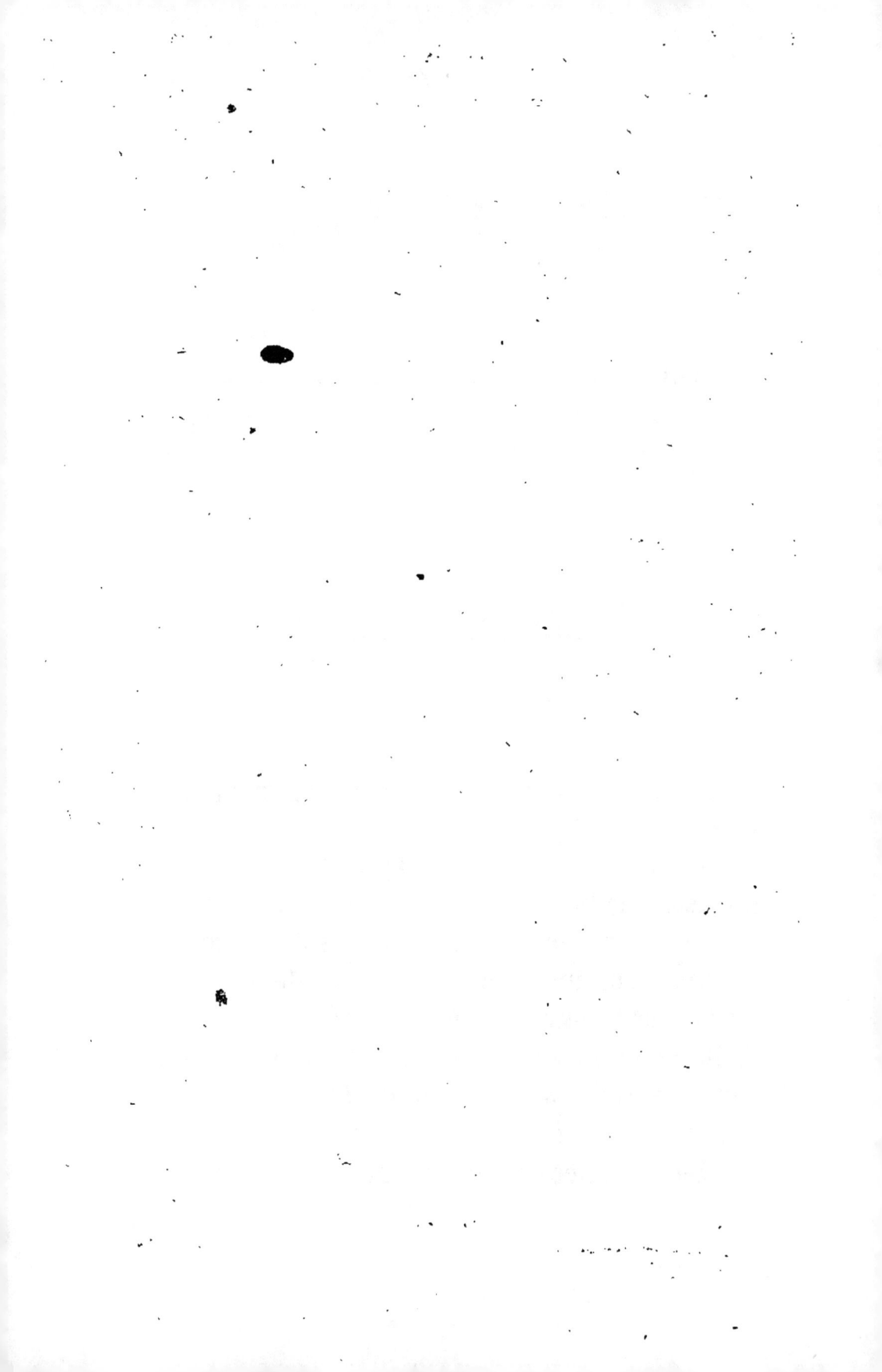

LES VOYAGES

DU PETIT ANDRÉ.

⟨⟨⟨⟨⟨⟨⟨⟨⟨⟨⟨⟨⟨⟨⟨⟨⟨⟨⟨⟨⟨⟨⟨⟨⟨⟨⟨⟨⟨⟨⟨⟨⟨⟨

PREMIÈRE JOURNÉE.

ANDRÉ. Dites-moi, mon papa, l'Afrique est-elle une presqu'île ?

LE PÈRE. Oui, mon enfant, elle n'est unie à l'Asie que par l'isthme de Suez, étroite langue de terre de dix-neuf lieues de large, qui joint les continents et sépare la Méditerranée de la mer Rouge. S'il était possible de couper l'isthme de Suez par un canal, le trajet de l'Europe aux Indes serait diminué de moitié ; mais une différence de 54 pieds entre les niveaux de la Méditerranée et de la mer Rouge a pré-

senté jusqu'à ce jour des difficultés insurmonta-
bles.

L'Afrique, liée à l'Asie par une étroite bande de terre, n'est séparée de l'Europe que par
le détroit de Gibraltar, qui joint le grand Océan
à la Méditerranée. Ce canal n'a pas plus de dix
lieues de large entre la pointe d'Europe et
Ceuta, ville africaine.

Les savants, les naturalistes et les géologues
ont étudié les extrémités des deux continents,
et les observations qu'ils ont faites sur la nature des terrains, la végétation, etc., les ont
conduits à penser qu'en un temps inconnu de
nous, l'Europe et l'Afrique ne formaient qu'un
continent, qui fut violemment séparé par un
tremblement de terre. Ils supposent encore que
ce grand bouleversement peut avoir eu lieu à
l'époque du déluge; et cette hypothèse leur
sert à expliquer le phénomène de ces grands
lacs d'eaux salées, ou mers intérieures, qui,
comme la Méditerranée, n'ont point de ma-
rées.

Une chose remarquable, c'est que l'Afrique,
qui touche aux deux parties du monde où la
civilisation s'est succédé, et qui a possédé elle-
même dans l'Égypte un foyer de lumières où
se sont éclairées l'Europe et l'Asie, a été de
tout temps la contrée de l'univers la plus sau-
vage et la moins connue.

Les Phéniciens et les Romains n'explorèrent que le nord de l'Afrique, qui comprend le royaume de Sennaar, l'Abyssinie, la Nubie, l'Egypte, le désert de Barca et le littoral de la Méditerranée, jusqu'à la grande chaîne de l'Atlas. Au-delà de ces montagnes sont d'immenses pays inconnus des anciens, et sur lesquels les voyageurs modernes n'ont encore que des connaissances incomplètes.

Aux nombreux obstacles que présente la nature du sol, il faut joindre la lutte à soutenir contre les animaux féroces et les naturels, non moins à redouter que les tigres et les lions de leurs déserts.

Les principaux fleuves de l'Afrique sont le Nil, qui prend sa source en Abyssinie et se jette dans la Méditerranée par sept embouchures ; le Niger ou Dhioliba ; les sources de ce fleuve sont à Banboue, dans la Nigritie. On connaît maintenant son cours jusqu'à Cabra, petit port au sud de Tombouctou ; mais on ignore où est son embouchure.

Le Sénégal prend sa source dans les montagnes de Kong, et se jette dans l'Océan atlantique, au-dessus du cap Vert. Saint-Louis, chef-lieu des établissements français au Sénégal, est situé à l'embouchure de ce fleuve.

Ces trois fleuves, le Nil, le Niger et le Séné-

gal, sont sujets à des débordements qui fécon-
dent les terres qui les avoisinent. Le Nil est à
l'est, le Niger et le Sénégal à l'ouest de
l'Afrique.

Les habitants de ce continent sont des Arabes qui occupent les contrées au-delà de l'Atlas, jusqu'à la Méditerranée ; et dans l'intérieur, des Maures et des Nègres.

Les Maures sont mahométans fanatiques.
Quelques tribus nègres professent aussi l'islamisme ; mais le plus grand nombre est idolâ-
tre. On ne trouve de chrétiens indigènes qu'en
Égypte et en Abyssinie.

Tels sont les traits généraux qui distinguent
l'Afrique. Maintenant, mon enfant, nous allons
chercher ce que les voyageurs qui ont eu le
courage de tenter l'exploration de ce pays ont
observé de curieux.

~~~~~~

DEUXIÈME JOURNÉE.

L'Egypte moderne. — Le Caire.

ANDRÉ. La renommée de Méhémet-Ali, vice-roi d'Égypte, attire les étrangers dans ce pays. Cependant, en abordant au Caire, on ne voit aucun édifice qui annonce la ville capitale d'un souverain ami des arts. Le Caire ne justifie pas non plus les noms de *Ville de la victoire*, de *Délices de l'imagination*, de *Mère du monde*, qui lui ont été prodigués par les poètes arabes. Ses rues sont étroites, poudreuses, bordées de maisons mal bâties. Il n'y a que trois places dans la ville ; chaque quartier est fermé de portes. Les unes, de construction arabe, sont en ruines ; les autres, plus modernes, ressemblent à des guichets de prison. Longtemps on marche dans ces ruelles désertes, entre deux rangs de masures, cherchant le Caire. Tout-à-coup on le trouve. En approchant des bazars, rien de plus animé que ces marchés orientaux et les rues qui les avoisinent. Tous les peuples

1..

du monde civilisé et commerçant semblent s'y être donné rendez-vous. Chacun y porte les couleurs ou le costume de sa nation, et présente ainsi une variété inconnue aux grandes villes de l'Europe.

Il n'y a pas de voitures au Caire. Tout ce qui n'est pas menu peuple va à cheval, le plus grand nombre sur des ânes. Les gens graves, les agents diplomatiques, substituent les mules à cette grotesque monture. A côté d'eux, galope la cavale de l'Arabe bédouin, ou le brillant coursier d'un officier du pacha. Puis, au plus épais de la foule, quand la rue est encombrée de porte-faix chargés de ballots, de femmes portant sur leur tête d'énormes vases, d'enfants, de vieillards aveugles, dont le nombre est considérable au Caire, se présente tout-à-coup une caravane de marchands montés sur des chameaux, et suivis de leurs dromadaires chargés de marchandises. Les cris garde à vous ! garde à vous ! retentissent de toutes parts ; mais les accidents sont rares. Les ânes, les mules, les chevaux, les chameaux, les dromadaires, abandonnés en quelque sorte à eux-mêmes, par la bonne inspiration de leurs conducteurs, se démêlent de la presse, sans se heurter les uns les autres, ni blesser personne.

Les cafés sont les lieux de divertissement du

Caire ; on s'y réunit pour prendre du café et boire une liqueur fort enivrante que l'on extrait du chêne vert. Dans chaque café on trouve un spectacle. Ici, c'est une sorte de barde qui raconte des histoires héroïques ou comiques. Là, des scènes dramatiques, jouées à deux personnages ; un niais qu'on mystifie, un fripon que l'on démasque, un méchant, puis un avare dépouillé.

Il y a d'autres cafés plus fréquentés que les premiers, où se réunissent des chanteuses et des danseuses.

Si les représentants des trois parties de l'ancien monde se mêlent dans les rues, les bazars, les cafés du Caire, leurs habitations sont séparées. Les Arméniens et les Grecs de l'Archipel habitent deux quartiers ; ils ont un patriarche, un couvent, deux églises. Les cophtes et autres chrétiens schismatiques, qui n'ont point abandonné les vieilles hérésies d'Orient, d'Eutichès et autres, ont au Caire vingt-six églises : on les considère comme les descendants des anciens Egyptiens.

Les Syriens sont catholiques romains ; leurs églises servent aux Francs établis au Caire.

Les Juifs habitent le quartier de la ville le plus malpropre. Les rues sont si étroites que les toits des maisons semblent se toucher. Les portes sont basses, les chambres sans jour et sans air. Malgré ces inconvénients, les Juifs se plaisent au Caire. Ils y exercent librement leur culte, s'y gouvernent par leurs lois particulières et ont une police à eux. Ils se livrent, sans craindre les avanies, au change des monnaies et à l'usure, pour laquelle on connaît leur prédilection. Ils ne sont assujétis qu'à une seule marque de servitude : il faut que tous les deux ans, quels que soient leur fortune et leur peu d'aptitude à manier la pioche, ils travaillent à rompre la digue du canal qui traverse la cité.

La population du Caire est à peu près de 260,000 âmes. Les Nubiens, Ethiopiens, Maures y comptent pour un tiers environ. Les Arabes forment dans la ville les classes ouvrières; ils sont laboureurs à la campagne et soldats à l'armée, mais partout opprimés. Les Turcs tiennent toujours le premier rang. Ce sont eux qui exercent les emplois publics, et parviennent aux premiers grades dans l'armée, places richement salariées.

Il y a très peu de vols au Caire. Les habitants doivent être rentrés dans leurs quartiers au coucher du soleil, et chaque quartier est fermé d'une porte, à laquelle veillent des gardes nommés baradras. Les chiens, autrefois adorés en Égypte, sont maintenant des animaux immondes. Un Égyptien ne voudrait pas en avoir dans sa maison; cependant on ne cherche pas à les détruire. Par troupes dans les rues, campant sur les places publiques, ils vivent de ce qu'ils peuvent ramasser, et la nuit ils secondent merveilleusement la surveillance des baradras. Si les chiens aident à la garde de la ville, les milans sont chargés du nettoiement. Ils dévorent les immondices, et font même la guerre aux souris, qu'ils poursuivent jusque dans l'intérieur des maisons.

La citadelle est le seul monument remarquable que l'on trouve au Caire. Elle fut bâtie par Saladin; c'est une véritable cité entourée de remparts, dans l'enceinte desquels sont plusieurs mosquées et de grands édifices. On y arrive par deux chemins rapides, taillés dans le roc. On voit encore dans la citadelle le divan de Joseph et le puits de Joseph, deux constructions dues au sultan Saladin. Joseph était le prénom de ce sultan. Le puits est une machine hydraulique qui est encore en activité. Le divan était un palais dont on ne voit plus que les ruines. Le vice-roi habite la citadelle. A l'une des entrées, en face de la mosquée de Husseïn, est le lieu où les Mamelouks furent massacrés par ordre de Méhémet-Ali. Cette milice, longtemps toute-puissante en Égypte, entravait les projets que Méhémet avait conçus pour l'avenir du pays, autant que pour sa propre grandeur. Il fit convoquer les Mamelouks sous le prétexte d'une fête, et quand les portes se furent refermées sur eux, le signal du carnage fut donné. Deux heures suffirent pour faire disparaître ce corps puissant qui avait dominé en Égypte pendant plus de deux siècles.

C'est dans la citadelle que se trouvent la monnaie, la fabrique de poudre, la fonderie de canons, l'imprimerie et les prisons. Ces dernières sont deux chambres voûtées où règne une obscurité continuelle. Les prisonniers, jetés pêle-mêle dans ces cachots, les fers aux mains, y sont exposés à toutes les tortures de la faim, de la soif, de la malpropreté. Mais la justice africaine est si expéditive, que, innocents ou coupables, les captifs ne languissent pas longtemps dans les fers.

Le vol et même le meurtre jouissent souvent de la plus scandaleuse impunité ; mais une fois sous la main des magistrats, accusé et condamné ce n'est qu'un.

M. Michaud raconte dans sa correspondance d'Orient que l'un des ministres de Méhémet-Ali, dont on s'accordait à vanter l'équité, se vit un jour arrêté par son secrétaire, au moment où il allait monter à cheval pour se rendre au divan. Le secrétaire venait lui faire observer qu'il y avait dans la prison trois hommes qui, contre l'usage, attendaient leur jugement depuis plusieurs jours. Le ministre, ainsi pressé, répondit sur-le-champ : Que le premier soit décapité, le second pendu, le troisième empalé ; cela dit, il continua son chemin.

TROISIÈME JOURNÉE.

La Campagne. — Les Antiquités.

LE PÈRE. Le fellah ou paysan égyptien est triste et craintif, comme le sont les hommes flétris par l'oppression et la misère. Le régime établi par Méhémet-Ali, favorable au commerce étranger et au développement de l'industrie, est dur pour les cultivateurs.

Les fellahs habitent de misérables huttes qui ont la forme de ruches à miel. Chaque hutte a deux chambres de dix pieds carrés, hautes de cinq à six ; l'air et le jour pénètrent par la porte.

Une cour entourée d'un mur en terre sert d'étable ; les bœufs, les buffles, les moutons,

l'âne et le chameau y sont enfermés pêle-mêle.
En Egypte, les bœufs sont employés au travail ;
c'est la femelle du buffle qui donne du lait, et le
mâle qu'on engraisse pour la boucherie ; dans
la même enceinte où sont retenus les troupeaux
est un second bâtiment de même forme que l'habitation principale. C'est à la fois la grange, la
laiterie, le poulailler et le colombier.

Le fellah se nourrit misérablement de pain
fait avec de la graine de lin et des fèves cuites.
Cependant il cultive une terre fertile, qui ne se
repose jamais, et sur laquelle mûrissent de riches
moissons de froment, d'orge, de maïs ; où crois-
sent le citronnier, l'oranger, le dattier et la vigne ; le coton, la canne à sucre, l'indigo, réus-
sissent aussi très bien en Egypte. On ne craint
pour les récoltes ni la grêle, ni la sécheresse
qui brûle les plantes, ni les pluies trop prolon-
gées qui les pourrissent. La disette ou l'abondance dépendent des débordements du Nil ; mais
ces moissons qu'il confie à la terre, ces arbres
dont les fruits appellent sa main, n'appartiennent
point au fellah ; la terre et ses produits appartiennent au pacha. Méhémet-Ali a dit un beau
jour : « Toutes ces terres qu'arrose le Nil sont
à moi. » Du reste, il n'est pas le premier souverain de l'Egypte qui en ait agi ainsi, et la
servitude est de la plus haute antiquité dans ce
pays.

Les habitants des campagnes sont donc des ouvriers à gages qui labourent, sèment, récoltent sous l'inspection d'agents de l'administration ; et, comme la concurrence n'est pas possible, le maître unique fixe le salaire selon sa volonté, et encore le prix auquel les denrées doivent être vendues. Les officiers du pacha donnent aussi aux femmes le jonc pour tresser les nattes, le coton, la laine, pour filer et tisser les étoffes grossières dont elles se vêtissent ; on leur paie à bas prix leur travail, et on leur vend cher les objets de première nécessité. Il résulte de cet état de choses une horrible misère pour les habitants de la campagne, qui se voient encore arracher le peu qui leur reste par des impôts arbitraires et des taxes de toutes sortes. Mais à côté d'un mal si grand se trouve le bien ; l'administration de Méhémet-Ali a rendu de grands services à l'agriculture ; l'Arabe indolent laissait une portion des terres en friche, toutes sont cultivées : les canaux sont parfaitement entretenus ; les Arabes bédouins, qui venaient piller et ravager les terres, sont contenus dans leur désert. Divers essais ont été tentés et ont réussi ; ainsi, le mûrier, l'olivier, la vigne, ont été naturalisés en Egypte, et ses cotons obtiennent dans les marchés d'Europe la préférence sur ceux du Bengale.

Tel est, mon enfant, le tableau par lequel j'ai voulu compléter celui de l'Egypte moderne que tu avais esquissé. Maintenant nous allons visiter les antiquités de ce pays remarquable.

On trouve sur la rive gauche du Nil le village de Gizeh, halte des voyageurs qui viennent visiter les pyramides. Autrefois les Bédouins rendaient ce pèlerinage dangereux à qui ne marchait pas avec une forte escorte ; mais sous le gouvernement de Méhémet-Ali ces déprédations étant devenues impossibles, les Arabes se sont faits les *cicerone* des curieux qu'ils pillaient naguère.

Vues à distance, ces pyramides, les plus vastes monuments de l'industrie humaine, n'étonnent point par leur grandeur ; mais quand on compare leurs dimensions à celles des objets qui entourent, on est comme frappé de vertige par ces amas gigantesques de pierres de proportions colossales ; quand l'on réfléchit ensuite à la multitude de bras et aux moyens mécaniques qu'il a fallu employer pour ces constructions, ou se demande de quelles puissances colossales disposaient les empires qui nous ont précédés dans la voie de la civilisation.

On croit généralement que les pyramides de Gizeh sont les sépultures des anciens Pharaons, de ces souverains qui retinrent les Juifs captifs,

La plus grande, celle de Chéops, a perdu son revêtement, et l'on arrive au sommet par 203 degrés inégaux. La montée offre des fatigues; mais point de dangers; la descente, sans être très périlleuse, demande cependant des précautions. En 1832, un Anglais perdit l'équilibre et fut brisé dans sa chute.

Du haut de la grande pyramide on embrasse du même coup d'œil le désert de Barca et les plaines fertiles de l'Egypte; on plane sur le Caire, théâtre de la gloire des Arabes au moyen-âge, et sur les débris de Memphis, la capitale des Pharaons. On voit les champs de bataille immortalisés par César et par Bonaparte, arrosés par le fleuve où se désaltérèrent les armées de Sésostris, d'Alexandre, de Cambyse et de Saladin.

La seconde des pyramides, nommée Chephren, est presque aussi grande que celle de Chéops. On pénètre dans l'une et dans l'autre par des chemins voûtés, très difficiles à parcourir; tantôt il faut ramper comme des reptiles sous des voûtes basses, tantôt gravir des degrés si élevés qu'on ne peut guère le faire sans aide. Quoique les distributions intérieures des pyramides soient différentes, on reconnaît qu'elles ont été faites dans le même but, celui de rendre inaccessibles aux intrus les salles que renferme le monument. L'entrée de la seconde pyramide était restée inconnue aux Européens jusqu'en 1818, époque où Belzoni parvint à la découvrir; mais une inscription, trouvée à l'intérieur, lui apprit que cette sépulture avait déjà été visitée du temps des Kalifes. La troisième pyramide, nommée Mycerinus, semblable aux précédentes quant à la forme, leur est inférieure sous le rapport des dimensions ; mais elle a conservé en entier son revêtement en beau granit rose, et tout fait présumer que l'on n'est point encore entré dans l'intérieur.

A peu de distance du Chephren sont un petit temple d'Osiris, enterré dans le sable à la profondeur de 40 pieds, et le fameux Sphinx colossal, taillé dans le roc même de la montagne. Des fouilles exécutées depuis peu ont dégagé la partie antérieure du colosse et ses pattes de devant ; on a pu en mesurer la hauteur totale ; elle est de 65 pieds de la base au sommet de la tête.

Au sud de Gizeh commence l'emplacement de l'antique Memphis. Au temps où l'Egypte était sous la domination romaine, Memphis tenait encore le premier rang parmi les villes égyptiennes; les rois habitaient Alexandrie, mais les dieux et les prêtres n'avaient point quitté l'ancienne capitale. Quand Omar, le second

successeur immédiat de Mahomet, chargea son
lieutenant Am-rou-Ben-el-Ous de la conquête
de l'Egypte, Memphis portait encore le titre de
capitale. Sous les croisades elle n'avait pas
cessé d'exister, et Guillaume de Tyr en parle
*comme d'une ville d'une vaste étendue, chargée
d'années, et qui conserve des indices d'une noblesse
très ancienne et d'une grandeur imposante.*
Aujourd'hui on cherche son emplacement ; des
monticules que l'on suppose devoir couvrir les
ruines des palais des rois ; des blocs de marbre
à moitié enfouis, qui marquent la place où ont
été des temples ; enfin, au bord d'une fosse, une
statue colossale en granit rose, voilà ce qui indique Memphis au voyageur. La statue est celle
de Sésostris, qu'Hérodote nous apprend avoir
été placée devant le temple de Plita ; elle est,
ainsi que l'indique l'historien, haute de trente
coudées ; les cuisses, le torse, la figure, sont
bien conservés. Ce colosse tient à la main un
rouleau de papyrus ; les proportions gigantesques de cette statue sont admirables, et un aussi
beau début fait vivement désirer que des fouilles bien dirigées mettent à même de juger ce
qu'étaient les arts dans la vieille Egypte.

A Denderah est un temple dont les ruines
présentent, selon Champollion, un chef-d'œuvre
d'architecture couvert de sculptures du plus

mauvais style. Le planisphère apporté à Paris
en 1821 a été détaché du plafond de l'une des
salles supérieures de ce temple. Les premiers
chrétiens, sous la conduite de saint Pacôme,
fondèrent à Denderah de nombreux couvents
dont on cherche vainement la trace.

Mais les plus belles ruines sont sans contredit
celles de Thèbes, la ville aux Cent Portes,
que chanta Homère. Voici comment M. Déon
raconte l'impression que la vue de cette ville fit
sur l'armée française : « Cette cité reléguée au
» désert, sur lequel elle avait été conquise, et
» que l'imagination n'entrevoit plus qu'à travers
» l'obscurité des temps, était encore un fantô-
» me si gigantesque, que l'armée, à l'aspect de
» ses ruines éparses, s'arrêta d'elle-même, et
» par un mouvement spontané battit des
» mains. »

Les principaux édifices de cette ville, la plus
ancienne du monde, sont les statues colossales
de Memnon, où un cheval placé à l'ombre, contre le socle de l'une des statues, n'atteint pas à
la moitié de sa hauteur : un homme se prome-
nant sur ce même socle, s'y montre dans les
proportions à peu près analogues à celles d'une
fourmi sur une caisse d'oranger. Les deux figures sont assises, les mains posées sur les ge-
noux, dans l'attitude où l'on nous représente les

idoles égyptiennes. Le tombeau d'Osymandias, où le célèbre Champollion n'a pas reconnu d'autres inscriptions que celle de Rhamsès-le-Grand (Sésostris) et de deux de ses descendants.

Les tombeaux, ou plutôt les palais des rois de Thèbes, sont creusés au ciseau dans la montagne de Beban-el-Malouk. C'est une longue enfilade d'appartements scouverts de peintures et de sculptures d'une étonnante conservation. En passant sur la rive droite du fleuve, on trouve Louxor, palais immense, en avant duquel sont deux obélisques d'un seul bloc de granit de près de 80 pieds. C'est l'un de ces obélisques qui a été dressé en 1835 sur la place Louis XV, à Paris. Enfin le palais au Platat, la ville de Karnac. Les expressions manquent pour peindre ces conceptions gigantesques d'un autre âge. Cette architecture semble avoir été conçue pour des hommes de 100 pieds de haut. On reste confondu, anéanti, aux pieds des 140 colonnes de la salle Hypaslile de Karnac. De longues avenues de sphinx, des forêts de colonnes, conduisent au temple. En montant, en cet endroit, quelques marches dégradées, on peut embrasser de l'œil l'étendue du terrain occupé par le temple et les bâtiments qui l'environnaient.

Un amas de décombres qui l'entourent ne présente au voyageur que des masses trop peu

distinctes pour qu'il puisse reconstruire par la
pensée ce bel édifice. Puis il y trouve encore
des traces de cette grandeur surhumaine impri-
mée à tous les monuments de l'architecture
égyptienne.

Après avoir parcouru les ruines de Memphis
et de Thèbes, on trouve encore d'imposants débris de la magnificence égyptienne ; mais ils
s'effacent devant ceux que nous venons d'admirer.

L'étendue de l'Egypte est de 210 lieues du
nord au sud ; sa largeur de 120 lieues ; sa sur-
face est estimée 24 mille lieues carrées ; mais
les terres, rendues susceptibles de culture par
les débordements du Nil, ne présentent pas un
développement de plus de 17 cents lieues. On
évalue la population de l'Egypte à 4 millions
d'âmes.

QUATRIÈME JOURNÉE.

Les Régences barbaresques. — Alger.

ANDRÉ. On peut se rendre du Caire dans les
régences barbaresques par terre, en traversant

le désert de Barca ; quand on prend ce parti, il faut se réunir à une caravane. Des voyageurs isolés seraient infailliblement dépouillés, peut-être massacrés par les Arabes errants, qui se regardent comme les maîtres de ces contrées stériles, et ne permettent pas aux étrangers de les parcourir. Ils auraient aussi à se défendre contre les bêtes féroces ; et s'ils n'avaient pas un nombre de chameaux suffisant pour porter leurs provisions d'eau et de vivres, ils ne pourraient lutter contre la soif et la faim.

Mais un danger dont le nombre, les armes, les provisions ne peuvent les sauver, c'est le terrible simoun, ou vent du désert. Quand il souffle du midi, soulevant des tourbillons de sable, il est impossible de marcher ; frappés, aveuglés par une poussière brûlante, les hommes et les animaux se couchent sur la terre ; souvent ils ne peuvent se relever, ensevelis qu'ils sont sous ces monceaux de sable. Aussi peu de voyageurs se risquent-ils à traverser le désert ; ils préfèrent s'embarquer pour Tripoli dans un des ports d'Égypte.

Tripoli est l'une des trois régences barbaresques, petits états despotiques, placés sous la protection de la Porte-Ottomane. Celui dont nous nous occupons est gouverné par un dey, dont le principal revenu se compose du produit des pirateries exercées sur les côtes de la Grèce et de l'Italie ; le commerce est entre les mains des Juifs et des Francs renégats. Les terres sont cultivées par des esclaves ; ce sont des chrétiens enlevés sur les côtes d'Europe, ou des nègres achetés dans l'intérieur de l'Afrique.

Le nom de Tripoli signifie trois cités, et en effet il y en avait trois jadis, fondées par les colonies de Tyr, de Sidon et d'Aradus ; la ville actuelle occupe l'emplacement de la seconde de ces cités. Le château qui la domine est un souvenir des croisades ; il a été bâti en 1103 par Raymond, comte de Toulouse, sur une colline à laquelle les croisés donnèrent le nom de Mont des Pèlerins. La ville est assez vaste ; elle compte 16 à 17,000 habitants.

Tunis, capitale de la régence de ce nom, possède un beau château et des fortifications imposantes ; sa muraille d'enceinte est haute de 60 pieds. Les principaux monuments sont de belles mosquées.

A peu de distance de Tunis on trouve les ruines de Carthage. Après avoir livré aux flammes la rivale de Rome, la république la releva pour en faire une colonie qui ne tarda pas à devenir riche et puissante. Les Vandales s'en emparèrent lors de la chute de l'empire romain, et en firent la capitale d'un nouveau royaume ;

reprise par Bélisaire, elle fut enfin détruite par les Arabes en 697, et aujourd'hui elle n'offre plus que des décombres épars sur lesquels le voyageur s'assied pour rêver à l'instabilité des choses humaines, ainsi que j'ai vu qu'a fait M. de Châteaubriand, dans l'*Itinéraire de Paris à Jérusalem*. C'est à Tunis que le roi saint Louis est mort de la peste, dans une croisade qu'il avait entreprise contre les Sarrasins, maîtres de la côte d'Afrique.

Les frontières de la régence de Tunis sont limitrophes de celles de l'Algérie, aujourd'hui colonie française.

La régence d'Alger est la Numidie des anciens, dont les cavaliers avaient une si grande renommée; la capitale a porté le nom de Jules-César; depuis, elle était devenue un repaire de pirates mahométans, qui mettaient à contribution le commerce des plus puissantes nations de l'Europe, et dévastaient impunément les côtes de la Grèce, d'Italie, de Sardaigne et même d'Espagne, enlevant non-seulement les bestiaux, mais encore les hommes, qu'ils réduisaient en esclavage quand ils ne pouvaient obtenir de riches rançons. Les galères des chevaliers de Malte étaient insuffisantes pour réprimer les brigandages de ces forbans. L'empereur Charles-Quint, alors tout-puissant en

Europe, essaya inutilement de prendre Alger.
Sa défaite rendit ces infidèles encore plus inso-
lents. En 1682 et 83, Louis XIV fit bombarder
Alger pour venger les insultes faites à son pa-
villon. Le dey s'humilia devant l'amiral français Duquesne, paya les frais de la guerre, et
rendit sans rançon les Français retenus en esclavage. En 1816, Alger fut bombardée de
nouveau par les Anglais. Enfin, en 1829, le
dey ayant insulté le consul de France, le roi
Charles X fit armer une flotte, non pas seulement pour châtier les pirates, mais pour les
détruire. Cette flotte, commandée par l'amiral
Duperré, aborda en Afrique. L'armée, sous les
ordres du général de Bourmont, débarqua à
Sidi-Ferruch. Après une résistance désespérée,
Alger fut emportée, et le dey dépossédé envoyé
en France.

L'Empire ottoman, protecteur des régences,
prit le sage parti de ne point se mêler dans cette
querelle, et depuis trente ans, Alger et son
territoire sont en notre possession ; la conquête
en a été achevée par la prise de Constantine,
réduite en 1837.

La ville d'Alger est bâtie en amphithéâtre,
sur une colline qui s'élève en face de la Médi-
terrannée ; ses rues sont étroites, ce que les
habitants regardent comme un préservatif contre

la chaleur : mais les Français ouvrirent dans
la ville, à l'aide de nombreuses démolitions, de
larges voies de communication pour l'artillerie
et les convois chargés d'approvisionner l'armée.
Le port est beau, mais l'entrée en est étroite et
pas assez profonde pour les bâtiments de guerre.
Cette circonstance a fait longtemps la force de
la régence d'Alger ; les felouques barbaresques
se retiraient dans leur port ou se jetaient à la
côte, quand elles étaient serrées de trop près
par les bâtiments de haut bord.

Le dey se reposait de la défense d'Alger sur
le fort l'Empereur, ouvrage avancé qui couvre
la ville du côté de Sidi-Ferruch, et qu'il croyait
imprenable, ainsi que sur la Casauba, grande
forteresse dans laquelle était son trésor, dont
on avait beaucoup exagéré la richesse.

Après la conquête, les Turcs et les Arabes
se retirèrent ; il ne resta dans la ville que les
Maures et les Juifs, fort contents les uns et les
autres d'être délivrés de leurs oppresseurs : depuis, les Arabes sont revenus ; mais contenus
par l'administration française, ils ne maltraitent
plus personne.

On a laissé aux Mahométans leurs mosquées
et aux Juifs leurs synagogues. Les Français
respectent les usages et la religion des vaincus.
Les femmes maures et arabes ne sortent qu'en-

veloppées d'une pièce de laine blanche qui leur couvre la tête et le col ; la figure est aussi cachée par un voile très épais, qui a deux trous pratiqués pour les yeux ; on dirait des fantômes qui parcourent les rues. Le soir seulement on les aperçoit parfois sur les terrasses de leurs maisons ; elles portent une robe large et des pantalons en étoffe rayée ou à fleurs ; elles couvrent leurs cheveux de joyaux d'or, de cercles d'ambre ; elles entassent leurs cous de colliers et leurs bras de plusieurs rangs de bracelets ; ce que les femmes recherchent, c'est l'embonpoint. Les hommes sont volontiers maigres ; ils ont le teint basané ; les Maures sont plus cuivrés que les Arabes.

La polygamie leur est permise, comme à tous les Mahométans.

Les Juives et les esclaves vont dans les rues le visage découvert.

Les Juifs portent la robe longue, sans plis, serrée d'une ceinture large comme celle de nos ecclésiastiques, et un bonnet en forme de timbale ; les Arabes ont une longue robe et des pantalons de coton ; leur chaussure consiste en demi-bottes lacées par devant, et dessinant bien la forme du pied. Ils couvrent leur tête d'un bonnet entouré d'un morceau d'étoffe de soie, et par dessus tout cela une couverture de laine

blanche, longue de vingt-cinq pieds, large de
cinq à six ; une extrémité forme capuchon sur
leur tête, tandis que l'autre est rejetée sur l'é-
paule. Ce manteau se nomme *bournous* dans le
pays. Les Arabes sont excellents tireurs ; il est
rare qu'ils manquent d'envoyer la charge de
leur fusil au but où ils ont visé. Ils sont encore
meilleurs cavaliers, et leurs chevaux excellents ;
aussi sont-ils dangereux dans la guerre d'embuscade. Cependant le courage de nos soldats
et la supériorité de notre tactique leur ont fait
éprouver de nombreux échecs ; ils n'ont pas
tardé à laisser nos colons cultiver en paix la
belle plaine qui s'étend vers le nord.

LE PÈRE. C'est surtout à la salutaire influence
de nos lois et de nos saintes croyances que la
colonie devra cet heureux résultat. La population, qui n'était que de 117 mille âmes lors de
la conquête, a déjà augmenté d'un tiers ; nul
doute que dans l'avenir les négociants maures
et juifs, exposés à Tunis et à Tripoli aux avanies des autorités musulmanes, ne quittent ces
deux régences pour se mettre sous la protection
d'un code qui est le même pour tous, et protège
la propriété de l'étranger aussi bien que celle
du citoyen, sans lui demander compte ni de la
couleur de sa peau, ni de ses mœurs, ni de sa
religion. Quant aux Arabes, reste à savoir ce

qui les séduira le plus sûrement, des douceurs de la civilisation ou des occasions de pillage. D'un côté, le charme de la nouveauté ; de l'autre, la puissance de l'habitude ; il est probable qu'ils se partageront, ou bien encore qu'après avoir pillé pendant un certain nombre d'années, ceux qui auront amassé quelques richesses trouveront très doux de venir en jouir sous la protection de nos lois.

ANDRÉ. On les chassera.

LE PÈRE. Non pas ; ceux qui ont pour eux la justice et la raison doivent avoir aussi la magnanimité et la patience ; tôt ou tard ils ne peuvent manquer de voir la vertu triompher du vice, car elle n'est vaincue dans aucune lutte, mais trop souvent nous lui faisons abandonner la partie.

CINQUIÈME JOURNÉE.

La Nubie. — Le royaume de Maroc.

LE PÈRE. Pendant que tu parcours les États barbaresques, moi je vais remonter le Nil et poursuivre, sur les rives de ce fleuve, l'exploration des antiquités égyptiennes.

Eléphantine, à présent Djezyr-el-Zpher, est une île que forme le Nil dans la Haute-Egypte. On y trouve les débris d'un temple antique. Là commence une longue suite de ruines : cet espace, aujourd'hui désert entre les deux cataractes du Nil, a été couvert d'édifices religieux et de villes opulentes. La place de ces dernières n'est marquée que par des amas de décombres, tandis que les premiers, taillés dans le roc ou construits en pierres dures, ont laissé d'intéressants vestiges. Les plus remarquables sont l'Ouady-Sebouda (Vallée des Lions), ainsi nommée des figures de sphinx placées en avant d'un temple antique, et que les modernes Nubiens ont pris pour des lions. Ces figures, à moitié enterrées dans le sable, sont d'une belle conservation. Le temple adossé à la montagne est construit en grandes pierres ; ses murs, comme ceux de tous les temples égyptiens, sont couverts d'hiéroglyphes qui ont exercé la sagacité de l'illustre Champollion. Mais, selon ce savant, le but du voyageur qui parcourt la Nubie doit être l'île d'Ilogas. L'absence de végétation, le rapprochement des montagnes, dont le pied est souvent baigné par les eaux, semblent avoir interdit aux hommes l'habitation de ces rives,

2..

quand, tout-à-coup, au milieu des rochers qui s'élèvent au-dessus du Nil, on aperçoit les deux temples d'Essabua, entièrement creusés dans le roc et couverts de sculptures. Je laisse parler Champollion, me contentant de lui emprunter un fragment de la description qu'il donne de cette merveille : « Le grand temple serait ad-
» miré même à Thèbes. Le travail que cette
» excavation a coûté effraie l'imagination. La
» façade est décorée de quatre colosses assis,
» ayant soixante-un pieds de hauteur ; tous
» quatre d'un superbe travail. Telle est l'en-
» trée ; l'intérieur en est tout-à-fait digne ; mais
» c'est une rude épreuve que de le visiter. A
» notre arrivée, les sables et les Nubiens, qui
» ont soin de les y pousser, avaient fermé l'en-
» trée. Nous la fîmes déblayer ; nous assurâmes
» le mieux que nous le pûmes le petit passage
» que l'on avait pratiqué, et nous prîmes toutes
» les précautions possibles contre la couche de
» ce sable infernal qui, en Nubie comme en
» Egypte, menace de tout engloutir. Il fallut
» se déshabiller presque entièrement et se
» présenter à plat ventre à la petite ouverture
» d'une porte qui, entièrement déblayée, aurait
» au moins 25 pieds de haut. Nous nous crû-
» mes à la bouche d'un four ; et, nous glissant
» entièrement dans le temple, nous nous trou-

» vâmes dans une atmosphère étouffante. » Si
je suivais mot à mot la narration de l'intrépide
savant, je te lirais un volume. Les voyageurs
parcoururent cette étonnante excavation, ac-
compagnés par l'un de leurs Arabes, et tenant
chacun une bougie à la main.

André. Et si le sable avait rebouché la porte?

Le Père. Ils eussent été perdus ; mais tu
sauras peut-être un jour que la science inspire
une passion à laquelle on fait aisément le sacri-
fice de sa vie.

La première salle est soutenue par huit pi-
liers, contre lesquels sont adossés huit colosses
de trente pieds chacun ; ces figures représen-
tent Rhamsès-le-Grand. Sur les parois de cette
salle règnent des bas-reliefs ayant trait aux con-
quêtes de ce Pharaon en Afrique. Seize autres
salles abondent en bas-reliefs religieux, offrant
des particularités curieuses ; la dernière pièce
est un sanctuaire au fond duquel sont assises
quatre belles statues plus grandes que nature,
et d'un beau travail.

Le voyageur Belzoni est le premier qui pénétra dans le temple d'Essabua, le premier
août 1817. A peu près vis-à-vis l'île de Kour-
gas, au nord-ouest de la rive droite du Nil,
sont des pyramides indiquant l'emplacement de
Maroc, l'antique métropole de l'Ethiopie, fa-

meuse a en commerce, ses monuments et son oracle.

Les Dongolaonis, qui habitent cette partie de la Nubie, sont les descendants des anciens Ethiopiens ; c'est au fond de ces sanctuaires, consacrés aux bizarres divinités de l'Egypte et à la vaine science humaine, que l'étoile miraculeuse a été chercher les Mages qu'elle a conduits à Bethléem pour adorer le Sauveur dans la crèche.

Malgré les alliances contractées par les Dongolaonis avec les autres tribus qui occupent la Nubie, leurs traits offrent le même type que les figures tracées sur les monuments de l'ancienne Egypte : le visage ovale, le nez bien fait, les lèvres un peu épaisses, les yeux vifs, la barbe peu touffue, les cheveux crépus sans être laineux, la taille moyenne, fine, cambrée, et le teint couleur de bronze. Ils sont vêtus d'une chemise à larges manches, d'un caleçon qu'ils remplacent souvent par un morceau de toile de coton, roulé autour du corps. Les Dongolaonis portent, liés au bras droit, des amulettes et un petit sachet contenant du musc de crocodile ou d'autres parfums, et attachent au bras gauche un poignard à deux tranchants. Un second poignard est fixé au-dessus du genou. Autrefois ils marchaient toujours armés d'un bouclier et d'une

lancè dont le fer avait trois pieds de longueur.
Méhémet-Ali a défendu ces armes, et l'on obéit,
quoique avec répugnance, aux ordres de ce redoutable vice-roi.

Les Arabes du Dongolah ne se mêlent point
aux naturels et affectént même pour eux un
profond mépris. Au 18ᵉ siècle ils étaient deve-
nus maîtres du pays, qu'ils tyrannisèrent jusqu'au moment où les Mamelucks, chassés d'E-
gypte, se retirèrent en Nubie et délivrèrent les
habitants de ce joug pesant, auquel ils firent
succéder un gouvernement doux et juste ; mais
en 1820, l'approche de l'armée égyptienne les
contraignit de nouveau à la retraite, et aujour-
d'hui Arabes et Dongolaonis sont sujets de
Méhémet-Ali. Les Dongolaonis sont gais et in-
souciants, mais on les dit légers, perfides et paresseux.

Leurs terres fertiles donnent deux récoltes
par an ; il pleut de septembre à novembre ; les
fortes chaleurs ont lieu en mai et juin ; le ther-
momètre marque jusqu'à 38 degrés ; mais la
crue du Nil, qui commence à cette époque,
amène avec elle une fraîcheur délicieuse.

Avant l'invasion de l'armée égyptienne, les
villes de la Nubie étaient florissantes ; une circonstance malheureuse causa la ruine du pays
en 1820 : l'un des petits souverains de la Nu-

bie, dépossédé par Ismaël-Pacha, fils d'Ali ;
ayant été chargé d'une trop forte contribution,
voulut protester de l'impossibilité où il était de
s'acquitter; il le fit, dit-on, en termes mesurés,
ce qui n'empêcha pas le pacha irrité de le frapper avec sa pipe. Le premier mouvement du
Nubien fut de porter la main à son sabre ; un
autre melek (c'est le titre que portaient ces
chefs) l'engagea à se contenir, et le soir les
deux Nubiens, aidés de leurs gens, entourèrent
d'une grande quantité de bois la maison habitée
par Ismaël, et y mirent le feu. Le pacha fut
brûlé, ainsi que toute sa suite. Cet événement
devint le signal d'un soulèvement général contre les Egyptiens ; mais, en 1824, une nou-
velle armée entra en Nubie, et Méhémet-Ali
vengea la mort de son fils par de sanglantes
exécutions qui dépeuplèrent un grand nombre
de villes.

MAROC.

ANDRÉ. Les royaumes de Maroc, Fez, Tafilet,
Suze, composent cet empire africain, qui est
borné : nord, par la Méditerranée ; est, la colonie française d'Alger; ouest, l'Océan Atlantique ; sud, le désert de Sahara. Maroc, la capi-

tale, a été en partie dépeuplée par la peste de
1799, et tombe en ruines depuis que le siége
de l'empire est transféré à Mequinez, où l'air
est plus pur. Maroc a été bâtie en 1052 par
Abur-Thifien, premier roi des Almoravides ; on
y voit une belle mosquée : c'est à peu près le
seul monument. Les rues sont très étroites, comme celles de toutes les villes d'Afrique, mais de
plus excessivement malpropres. Par extraordi-
naire, le plus beau quartier est celui des Juifs ;
ils habitent à vrai dire une ville séparée, située
dans une belle vallée que ferment deux branches du Mont-Atlas. Les Juifs sont très nombreux dans cette partie de l'Afrique, et s'enri-
chissent par le commerce qu'ils font avec les
nègres de l'intérieur. Ils leur portent de la
laine, de la soie, des armes, des médicaments,
et prennent en retour de l'or, des dents d'éléphant, des esclaves, avec lesquels on recrute
les armées de l'empereur de Maroc. Chaque
année les Juifs expédient de riches caravanes à
la Mecque ; ils vont y vendre du sucre, de l'indigo, de la cochenille, des plumes d'autruche,
et rapportent des soieries de la Chine, des mous-
selines de l'Inde, du café et des drogues.

Les Marocains sont divisés en trois classes :
les habitants des villes, qui sont les descendants
de ces Maures si puissants et si chevaleresques

dont les Espagnols eurent tant de peine à pur-
ger leur pays; les Arabes, qui n'ont d'autre
demeure que leurs camps ; enfin les Barbares,
anciens habitants du pays : ceux-là vivent dans
les montagnes ; ils abhorrent les Chrétiens, et
ne sont jamais plus satisfaits que lorsqu'ils peuvent en réduire un en esclavage, et l'accabler
de travaux et de mauvais traitements.

L'empereur de Maroc est absolu dans son
empire; mais, comme dit plaisamment un voyageur, c'est un despotisme tempéré par la révolte.
En effet, cette population remuante laisse rarement vieillir ses souverains ; elle les change, les
dépose, les massacre, sous des prétextes qui
nous sembleraient au moins frivoles. En ce
moment les Espagnols réduisent ce peuple à
cesser ses insultes.

Une partie du territoire est aride et sablon-
neuse ; la partie cultivée produit des fruits, des
céréales, des légumes. On compte dans tout
l'empire 5 à 6 millions d'habitants.

SIXIÉME JOURNÉE.

Le Sahara. — Le Sénégal.

ANDRÉ. Le Sahara ou grand désert se prolonge
de l'ouest à l'est, depuis l'Océan jusqu'à l'E-
gypte et la Nubie. Cette vaste étendue de pays
est couverte de sables arides ; seulement de loin
en loin on trouve des portions de terre où une
source entretient la végétation. Ces îles de verdure, au milieu de cet océan de sable, se nom-
ment *oasis.*

Le Sahara est habité par des tribus féroces
et belliqueuses ; ce sont des Maures, des Afri-
cains, des Arabes, qui, chassés à diverses époques du royaume de Maroc, ont peuplé le désert. Leurs ressources pour y vivre sont le lait
de leurs troupeaux qu'ils conduisent sur les
bords des rivières dans la saison des pluies ; la
récolte de la gomme, qu'ils vont ensuite échan-
ger au Sénégal ; la traite des noirs ; enfin le
pillage des caravanes qui viennent, ainsi que je
vous l'ai dit, chercher, dans l'intérieur de l'A-
frique, de l'or, des dents d'éléphant, des plu-

mes d'autruche, qu'elles transportent ensuite par terre à Maroc ou à la Mecque.

Au nord est un pays assez riche ; il sert d'entrepôt au commerce entre les Etats barbaresques et le désert. Ses habitants sont des hommes vigoureux et déterminés ; on les nomme Mouselemines ; ils vivent en république, sous l'autorité d'un chef qui change tous les ans. Leur principale force militaire consiste en une cavalerie nombreuse qui les fait respecter de leurs voisins. Ces cavaliers, dont la bravoure est remarquable et l'activité sans bornes, se louent pour accompagner les caravanes, ou font payer leur inaction ; mais malheur aux marchands qui voudraient traverser le Sahara sans s'acquitter de ce tribut! les Mouselemines les pillent impitoyablement, et s'ils échappent à ces premiers voleurs, ils doivent s'attendre à être attaqués par les Onodelumes, les Sabdessabts, les Azounas. Ces peuples s'adonnent presque entièrement au brigandage ; ils ont les cheveux hérissés, la barbe longue, le regard méchant, de grandes oreilles pendantes et des ongles d'une longueur démesurée, dont ils se servent dans le combat. Leur vêtement consiste en une peau de bête, le poil en dehors, et attachée sur l'épaule gauche, comme la pourpre des empereurs romains ; leur arme est une longue épée ou un fusil, quand ils peuvent se procurer de la poudre.

Ces Maures du désert sont excellents cavaliers : montés sur de petits chevaux infatigables, ils fondent à l'improviste sur les caravanes et leur livrent des combats sanglants.

Les tribus maures habitent les oasis, où, comme je l'ai déjà dit, on retrouve des arbres et des pâturages ; ils font semer du millet par leurs esclaves ; mais comme ces récoltes ne seraient pas suffisantes, ils les réservent pour les temps de sécheresse ou de grandes pluies. Tant que les pâturages peuvent nourrir leurs troupeaux, ils ne vivent guère que de lait ; ils mangent rarement de la viande. Quand ils tuent un bœuf, ils en découpent la chair en tranches minces, qu'ils font sécher au soleil pour l'empêcher de se corrompre. Cette viande, enfermée ensuite dans des sacs, est mise en réserve pour les jours de grand régal ; ils la mangent avec une sauce au piment ; bienheureux quand ils peuvent y joindre un peu de sel ; mais il est rare, et sert de monnaie aux Européens pour payer leurs acquisitions.

Les Maures Bracknas et tous ceux qui habitent vers l'ouest sont moins belliqueux que les tribus du nord; ils se partagent en deux classes; les hassones, ou guerriers, et les religieux, ou

marabouts. Les uns et les autres ont des esclaves qu'ils envoient dans les parties élevées du
désert récolter la gomme, que nous appelons,
par habitude, gomme arabique, quoique l'Ara-
bie en fournisse peu, comparativement à l'Afrique. Cette substance est le produit d'une mala-
die d'un arbre qui, par son port et son feuillage,
se rapproche de l'acacia cultivé en France. A
certaines époques l'écorce des gommiers sèche
par les vents du désert, se fend, et la liqueur
qui s'écoule de l'arbre se cristallise le long du
tronc et des branches, ainsi qu'il arrive souvent
à nos pruniers.

Les Bracknas envoient à la récolte de la
gomme autant d'esclaves qu'ils en ont à leur
disposition. On donne à chaque esclave une
vache à lait pour le nourrir, une paire de sanda-
les et deux petits sacs en cuir; l'un des sacs
contient de l'eau pour boire, l'autre sert à en-
fermer la gomme : le surveillant a deux vaches
et un sac de mil.

Les gommiers étant des arbres épineux, les
esclaves ont une longue perche fourchue avec
laquelle ils font tomber les boules attachées aux
branches élevées. Ils travaillent ainsi tout le
jour, sans autre aliment qu'un peu d'eau. Le
soir les femmes traient les vaches, et chacun
boit le lait de celle qui lui est destinée. Le sur-

veillant a, de plus, un peu de bouillie de mil.
Lorsque la gomme est abondante, chaque tra-
vailleur en ramasse environ six livres par jour.
Il paraît prouvé maintenant que les gommiers
ne forment pas des forêts, ainsi que plusieurs
voyageurs l'avaient pensé, mais qu ils sont dis-
séminés sur les points les plus élevés du désert.
Quand il faut se transporter d'un lieu à un autre,
la gomme déjà ramassée est confiée à des trous
creusés en terre, et recouverts de façon à ne
pouvoir pas être soupçonnés ; car les Maures
ne se feraient pas de scrupule de se voler entre
eux. Le surveillant a soin de faire une remar-
que peu visible, et qui lui sert à reconnaître
ses dépôts. Quand vient le moment de porter la
gomme aux escales, ou marchés européens, on
l'enferme dans de grands sacs que l'on charge
sur des chameaux. Nous reviendrons sur ces
marchés à propos du Sénégal.

La troisième branche d'industrie est la vente
des esclaves ; elle est surtout exercée par ces
Maures voleurs, les Azounas, déjà cités. Ceux-
là ne se contentent pas de faire des excursions
dans les villages nègres, pour s'emparer des
pauvres noirs et les arracher à la culture de
leurs terres ; mais ils enlèvent aussi les enfants
des Maures quand ils les trouvent isolés et sans
défense.

En ce moment des missions sont organisées pour adoucir le sort de ces malheureux nègres et les soustraire à la captivité.

LE SÉNÉGAL.

ANDRÉ. La ville de Saint-Louis est le chef-lieu de nos établissements du Sénégal. Le fleuve de ce nom, en se déchargeant de l'Océan Atlantique, présente aux navigateurs des obstacles que l'habileté des pilotes ne parvient pas toujours à surmonter ; mais le mauvais pas franchi, les vaisseaux entrent dans un bassin tranquille, ayant à la droite la Barbarie, contrée plate et stérile, à gauche la Guinée, touffue et verdoyante. Saint-Louis compte 8 à 10 mille âmes, tant Européens et mulâtres que nègres libres ou esclaves. Les mulâtresses ou signarres s'adonnent au commerce d'échange et de cabotage entre Saint-Louis et les îles du Cap-Vert ; elles sont vives, plus intelligentes que les hommes de leur couleur, et ne tardent pas à réaliser de jolies fortunes. La toilette d'une signarre est fort dispendieuse ; elle se coiffe d'un beau madras ; au-dessous elle couvre son front d'un bandeau brodé en or; sa chemise blanche est serrée à la hauteur des reins par un pagne en laine dont le

tissu est aussi fin que celui du cachemire. Sur
ses épaules flotte un autre pagne dont elle s'enveloppe comme d'un manteau; ses bras, ses
jambes, sont chargés de bracelets d'or massif;
de lourds pendants du même métal fatiguent
ses oreilles. Quant au collier, il est formé, selon
l'usage mauresque, de pièces de monnaie enfi-
lées. Il n'est pas rare de voir de ces femmes
porter ainsi des sommes assez considérables en
louis, guinées, sequins, quadruples.

La traite de la gomme commence dans les
escales en avril pour finir en juillet. A l'époque
fixée, le gouverneur de Saint-Louis envoie à
l'escale un bâtiment de la marine royale, dont
le commandant est chargé de régler tout ce
qui concerne la navigation sur le fleuve, et de
juger les différends entre les marchands européens et les Maures. Ceux-ci se montrent d'une
avidité prodigieuse, qui est encore excitée par
la concurrence des marchands entre eux. Au
mois de mai, le roi des Braknas vient visiter
les marchés et percevoir ses droits sur la vente
des marchandises; il va quelquefois se loger à
bord du bâtiment en station; mais ordinairement il s'établit à terre avec sa suite, sous une
tente. Les traitants sont obligés de le nourrir
ainsi que sa suite, et de lui donner tous les
jours une ou deux pièces de toile bleue appelée

guinée. Les Maures, qui font si maigre chère
dans leurs déserts, se montrent à l'escale d'une
voracité inouïe ; ils mangent du riz, de la
viande et boivent de l'eau sucrée en si grande
quantité, que souvent ils paient leur intempé-
rance par de violentes indigestions, qui vont
jusqu'à causer la mort.

Les Braknas , voyant l'empressement des
marchands à se procurer de la gomme, même
à des prix désavantageux, croient que cette
denrée nous est indispensable, et, au moindre
mécontentement, leur roi menace de suspendre
la traite. On l'a vu arrêtée parce que la tante
du roi des Braknas s'était plaint qu'un traitant
lui avait donné de mauvais café.

Rien de plus vivant et de plus animé que
l'aspect de ces marchés, où affluent les Maures
et les nègres de plusieurs contrées. Le soir,
après la clôture des affaires, les marabouts appellent les musulmans à la prière, tandis que
les nègres idolâtres, excités par le son du tam-
tam, se livrent à la danse sur la place même du
marché.

Les nègres voisins de nos habitations du Sénégal ont des mœurs très douces et une gaîté
qui ne les abandonne pas même dans la servitude. Il arrive souvent à Saint-Louis que les
nègres qui servent à table ne peuvent, si lo

repas se prolonge, résister à l'envie de jouer entre eux ; ils se jettent de l'un à l'autre les assiettes destinées aux convives, se provoquent à la danse, se font des niches, le tout accompagné d'éclats de rires si farces qu'il faut rire avec eux, quoi qu'on en ait.

En liberté, ils habitent pêle-mêle avec leurs bestiaux des cases en terre glaise. Les femmes se couvrent d'un pagne de coton bleu, bordé de coquillages ; les hommes ne se couvrent que d'un morceau de toile ou de branches de palmier. Ils sont pauvres, selon nos habitudes de luxe ; mais rien ne les attriste. Il n'y a pas jusqu'à leurs cérémonies funèbres qui ne se résument en danses et en chansons bruyantes.

SEPTIÈME JOURNÉE.

La Guinée.

LE PÈRE. On désigne sous le nom de Guinée la portion de la péninsule africaine qui s'étend depuis le Sénégal jusqu'au cap Negro. Les côtes seules de ce grand pays sont parfaitement connues ; elles furent découvertes en 1364 par de

Petit André. 3

simples particuliers de la ville de Dieppe ; ils y établirent des comptoirs et lièrent des relations avec les naturels qui leur apportaient de l'or extrait des montagnes de Bouré, de l'ivoire, du poivre, de l'indigo, en échange de verroteries, de couteaux, de ciseaux. Ce commerce enrichit ceux qui s'y livrèrent ; mais ils furent troublés par la concurrence des Portugais qui s'établirent au Cap-Vert en 1474. Les querelles devinrent sérieuses. Le roi de France ne s'en mêla pas ; mais un armateur dieppois, nommé Angot, envoya six de ses vaisseaux bloquer le port de Lisbonne, et exiger du roi de Portugal réparation des insultes faites aux marchands français par ses sujets.

Ainsi les établissements fondés sur la côte d'Afrique devancèrent d'un siècle la conquête de l'Amérique.

Je te laisse à penser quels merveilleux récits les matelots normands rentrés dans leurs foyers faisaient d'un pays où les hommes avaient la peau noire, les traits du visage, les cheveux différents des nôtres, où un palais est un assemblage de huttes en paille, un roi un nègre vêtu de quatre aunes de toile de coton, et les princes autant de mendiants demi-nus. Les animaux n'excitaient pas moins de surprise que les hommes. Les premiers perroquets apportés en France, où on les nomma papogon, vinrent de la côte d'Afrique. Les végétaux ne parurent pas moins extraordinaires. Comprends-tu l'étonnement d'honnêtes Normands auxquels on sert du beurre cueilli sur un arbre?

ANDRÉ. Ce n'est pas possible, mon papa.

LE PÈRE. Cela est, mon ami; cet arbre, très commun en Afrique, porte des fruits qui contiennent une graisse blanche d'une saveur assez agréable, et qui remplace le beurre extrait du lait de vache. Aujourd'hui l'arbre au beurre ne cause pas plus de surprise en Afrique que l'arbre du pain en Asie et en Amérique. Mais le phénomène végétal qu'on ne se lasse pas d'admirer, c'est le baobab, le géant des forêts. Cet arbre prodigieux s'élève rarement au-dessus de soixante à soixante-dix pieds de hauteur ; mais il prend un accroissement qui porte sa circonférence jusqu'à quatre-vingt-dix pieds. Ses branches ont plus de soixante pieds de longueur. Leur poids les fait plier jusqu'à terre, de sorte que le feuillage cachant le tronc de cet arbre, il présente une masse de verdure qui n'a pas moins de cent trente à cent cinquante pieds de diamètre. Les feuilles du baobab ressemblent à celles du marronnier d'Inde. Ses fleurs ont la forme des mauves, et leurs cinq pétales se ferment à l'approche de la nuit comme ceux des belles de jour. Ces fleurs, d'un blanc mat, ont, lorsqu'elles sont épanouies, quatre pouces de longueur sur six de diamètre. Aux fleurs succèdent des fruits allongés, pointus aux deux bouts, qui sont attachés à l'arbre par une queue longue de deux pieds. Il ont au moins 18 pouces d'une extrémité à l'autre, et contiennent environ huit cents graines de la forme de nos haricots.

Il y a dans les îles de la Madeleine deux de ces arbres sur lesquels des Européens ont gravé leurs noms avec les dates. Ces dates, les unes sont antérieures à 1600; les autres, moins lisibles, semblent être du commencement du seizième siècle. Ces caractères ont aujourd'hui six pouces de haut. Leur croissance a servi à calculer l'âge probable du baobab que l'on trouve sur les côtes et dans l'intérieur de l'Afrique. D'après ces estimations, on est arrivé à supposer que, puisque ces végétaux avaient crû de six pieds en diamètre en deux cents ans et plus, ceux qui en ont vingt-cinq sont contemporains du déluge, et que les plus gros ont, ainsi que les cèdres du mont Liban, résisté à ce grand bouleversement de la nature. Les feuilles et les fruits du baobab sont un objet de commerce, non-seulement comme aliment agréable, mais à cause de leurs vertus médicales.

Le centre de l'Afrique peut être aride, et l'on doit le supposer, puisque aucun des grands fleuves dont la source et l'embouchure sont connues ne le traverse ; mais à l'est et à l'ouest le pays est fertile, abondant en bois, riche en minéraux. Si l'agriculture et l'industrie pénétraient en Guinée, cette contrée deviendrait l'une des plus florissantes du monde. La paix et l'abondance y règneraient, tandis que maintenant les hommes misérables qui y vivent ne connaissent d'autres sources de richesses que la guerre et le pillage.

Les nègres mahométans et les Maures qui habitent la Guinée supérieure attirent les bâtiments sur les écueils dont la côte est hérissée, par des signaux trompeurs. Dès qu'un sinistre est signalé, ils accourent sur le rivage, s'emparent des malheureux naufragés, les maltraitent, les dépouillent, les réduisent en esclavage, les accablant de mauvais traitements, dans l'espoir d'en obtenir une forte rançon ; car, dans l'idée de ces peuples ignorants, homme blanc est synonyme d'homme riche. Si le vaisseau n'a pas été englouti, il est promptement dépecé, le chargement devient le sujet d'un partage qui ne se fait pas sans de sanglants démêlés entre ces sauvages.

En 1818, un Français, M. M***, s'embarqua

au Havre sur un vaisseau marchand destiné pour Rio-Janeiro. Les premiers jours, la navigation fut très heureuse. Les passagers, après avoir salué les îles du Cap-Vert, quittèrent le pont en toute sécurité, se reposant sur le calme des vents et la pureté du ciel, dont rien ne voilait l'azur. Mais dans la nuit, le bâtiment fit fausse route, par l'ignorance et l'obstination inouïes du capitaine. Au point du jour, les cris de détresse de l'équipage annoncèrent qu'on avait touché sur un écueil peu éloigné de la côte, et peu d'heures après ce sinistre, officiers, matelots, passagers étaient en chemin, partagés en plusieurs lots, tirés au sort, et obéissant au bâton de leurs maîtres. Ils allèrent, au péril de leur vie et avec des fatigues inouïes, opérer au profit de leurs bourreaux le sauvetage du déchargement du navire. Jamais changement de condition ne fut plus brusque et plus terrible ; M. M*** l'exprime très bien dans le récit qu'il fit de son naufrage.

Il y avait à peine un mois qu'il avait quitté Paris, le centre des arts et de la civilisation, et il se trouvait sur une plage inconnue, esclave de sauvages grossiers et féroces, séparé peut-être à jamais de sa famille et de ses amis. Un jour qu'il se livrait à ces tristes réflexions, un

lambeau de papier imprimé frappe ses regards :
il le ramasse, le lit avec avidité ; cétait le
récit circonstancié d'une brillante fête donnée
peu de jours avant son départ de Paris et
à laquelle il avait assisté. Au souvenir de sa
patrie, le captif sent ses yeux se mouiller de
larmes ; son courage est ébranlé par la compa-
raison du passé et du présent. Il se retrace les
fêtes auxquelles il ne doit plus prendre part ;
tout-à-coup il ne sait s'il rêve, il voit devant
lui, une femme brillante de parure ; elle est devant lui, elle lui tourne le dos : l'illusion ne
fut pas de longue durée. Son maître, le plus
hideux des nègres, avait défoncé une caisse de
modes, expédiée de Paris à la capitale du Bré-
sil, et n'avait rien trouvé de mieux que de
s'affubler de ce qu'elle contenait. Une robe de
toile lamée en or était attachée autour de ses
reins ; une autre en crêpe rose flottait sur ses
épaules, et sur sa tête un beau chapeau de
satin blanc à plumes ; ainsi vêtu, il fumait
gravement sa pipe et se croyait très important.

Après quelques jours passés sur la plage, les
nègres s'étant enfin accordés sur le partage des
captifs et des marchandises, se dirigèrent vers
l'intérieur. M. M*** fut vendu à un Maure qui
entreprenait le pèlerinage de la Mecque. Dans

ce long voyage, M. M*** eut le bonheur de
trouver un Juif qui consentit à se charger d'une
lettre pour le consul de France à Maroc. L'agent
de notre nation, ayant appris que des Français étaient captifs dans le désert, entama des
négociations, fit agir les négociants français et
anglais établis en Afrique, et, par le canal des
Juifs, intermédiaires accoutumés entre les États
barbaresques et les Maures du désert, il obtint,
moyennant rançon, la liberté de nos infortunés
compatriotes. Ainsi, après un an de fatigues et
de souffrances, M. M*** eut le bonheur de re-
voir sa patrie.

Quand les naufrages ne livrent pas de blancs
à l'avidité des noirs, il se . llent entre eux.
Voici comment ces entreprises s'exécutent. Un
prince noir décide, dans son conseil, quel village on ira attaquer. Les troupes s'assemblent
dans le plus grand secret. On marche souvent
plusieurs nuits de suite, sans que les soldats
sachent où on les conduit. Arrivés au lever de
l'aurore au terme de la course, les agresseurs
se précipitent dans le village, où ils surpren-
nent les habitants sans défense. Ceux qui es-
saient de résister sont massacrés sans pitié ; les
autres, chargés de chaînes, deviennent le butin
du prince et de ses vassaux qui le partagent
entre eux. Les esclaves proviennent encore de

la guerre faite loyalement entre deux provin-
ces, ou des condamnations prononcées par le
roi contre ses sujets.

Ces infortunés, réduits à cette dure condition,
sont vendus d'abord à des marchands Mandingues ou des nègres Saracahk, qui habitent les
rives du Sénégal, et servent d'intermédiaires
pour la traite des nègres. Chaque année ils se
rendent dans l'intérieur de la Guinée ou de la
Nigritie, emportant une cargaison de marchandises d'Europe, et munis de chaînes et de bou-
lons en fer.

Arrivés au lieu où se tient le marché, ils
achètent les captifs à très bas prix ; dans le
temps où l'Europe entretenait des comptoirs en
Afrique pour la traite, les Mandingues payaient
plus cher les noirs pris dans les villages éloi-
gnés de ces établissements, parce qu'ils sont
moins tentés d'essayer de s'évader. Les marchands qui font en grand cet infâme commerce
ont une manière ingénieuse de conduire de
nombreuses chaînes d'esclaves sans craindre
l'évasion ni la révolte ; ils coupent de forts morceaux de bois, longs de cinq à six pieds, et
fourchus par l'un des bouts, de façon que le
cou de l'esclave entre dans la fourche; dont
les deux extrémités sont réunies par un boulon
en fer. De la sorte, la gorge du malheureux est

serrée entre le fer du boulon et le bois de la
fourche, dont le manche, long encore de quatre pieds, pend en avant et l'empêche de marcher lorsque chaque esclave est ainsi enferré.
On les range sur une seule ligne ; l'un des
marchands se met en tête et charge sur son
épaule le bois de la première fourche ; chaque
esclave porte de même le manche de la fourche de celui qui le suit, et tous, soulagés du
poids qui entravait leurs mouvements, se mettent en marche. Quand le marchand accorde
une halte, il laisse tomber le manche appuyé
sur son épaule, et la chaîne s'arrête d'elle-
même.

Ces marchands conduisent ainsi leur misérable
troupeau aux marchés de l'intérieur des États
barbaresques, et jusqu'en Abyssinie et en Egypte.
Autrefois les comptoirs européens leur offraient
un grand débit ; mais, Dieu merci ! la traite est
abolie : des peuples civilisés et chrétiens ne
trafiquent plus de chair humaine. Cette décision
honore infiniment la France et l'Angleterre,
qui ont bien mérité le titre de filles aînées de la
civilisation, en l'adoptant les premières et la fai-
sant exécuter ; mais elle n'apporte aucun sou-
lagement à la misère des malheureux nègres.
Quelles que fussent les tortures qu'ils souffraient
à bord des bâtiments négriers, et la bassesse

de leur condition dans les colonies européennes, elles ne peuvent être comparées à ce qu'ils ont à supporter des hommes de leur couleur. Les Maures et les nègres, également ennemis du travail, ont tous des esclaves qu'ils emploient à la culture des terres, à la garde des troupeaux, à la récolte de la gomme. Pauvres eux-mêmes, les maîtres font souffrir à leurs esclaves les angoisses de la faim et de la soif. Si la tribu se transporte d'un lieu à l'autre, ou si le maître voyage, ces malheureux sont condamnés à de longues marches, portant sur leur tête de pesants fardeaux. Les femmes suivent chargées des ustensiles de ménage, d'une partie, des provisions et de leurs enfants. Il faut marcher ainsi pieds nus sur un sable brûlant, gravir de hautes montagnes, traverser les rivières à gué ou à la nage ; et si l'esclave succombe à tant de fatigues, le maître, qui voyage sur un chameau ou sur un cheval, l'accable de coups.

— ⟨⟩ —

◦◦

HUITIÈME JOURNÉE

René Caillé. — Description des villes de Jenné et de Tombouctou.

LE PÈRE. On croit généralement en Europe qu'un voyage dans les contrées de l'Afrique présente de nombreuses difficultés, pour ne pas dire des impossibilités, et exige des dépenses considérables ; cependant des caravanes se rendent de l'Océan Atlantique à la mer Rouge, et traversent ainsi la Péninsule dans sa plus grande largeur. Ces caravanes, formées sous une apparence religieuse, et dont le chef prend le titre de *sidy* (saint), mais qui sont dans le fait des entreprises commerciales, ne demandent ni apprêts bien formidables ni frais même ; et si les Européens qui ont tenté l'exploration de l'intérieur de l'Afrique s'étaient mêlés à elles au lieu de voyager isolément, ils auraient sans doute obtenu de meilleurs résultats.

Cette question, déjà soulevée par des hommes qui l'ont sérieusement étudiée, semble être résolue par le brillant succès du voyage de René Caillé.

Ce jeune homme s'embarqua à seize ans pour le Sénégal. A peine fut-il arrivé dans cette colonie, qu'au lieu de goûter les douceurs du repos et de chercher un emploi lucratif, il songea à prendre part à des voyages de découvertes tentées dans l'intérieur. Malgré son extrême jeunesse René Caillé, éclairé par l'expérience d'une entreprise malheureuse, comprit qu'on ne pourrait pénétrer en Afrique qu'en renonçant aux habitudes européennes et s'initiant aux mœurs des naturels, de manière à leur faire prendre le change sur les titres de blancs, de chrétiens, d'étrangers, qui excitent leur méfiance. De vagues traditions transmises par les Maures, des rumeurs confuses de la conquête d'Amérique, leur font croire que les Européens ne cherchent à connaître leur pays, qu'ils croient le plus beau et le plus riche du monde, que pour s'en emparer ; de là, les assassinats de Mungo-Park, du major Ling, l'insignifiance et l'inutilité des tentatives des autres voyageurs. Pénétré de cette vérité, René Caillé offrit au baron Roger, alors gouverneur du Sénégal, de s'introduire parmi les Maures Braknas, afin de s'instruire de leurs usages, de leur religion, de leur langage, et de pouvoir ensuite se mêler à eux et les suivre dans leurs incursions à l'intérieur ; M. de Roger parut approuver ce projet.

Parti de Saint-Louis le 3 août 1824, le voyageur arriva le 7 décembre au camp du roi des Braknas, devant lequel il se présenta vêtu du costume mauresque, et demandant à se réunir à sa tribu dans le dessein d'en faire partie à l'avenir. Le roi, faiblement convaincu de la vérité de cette fable, garda Caillé plutôt comme un prisonnier que comme un sujet ; cependant il confia l'éducation du jeune néophyte à un marabout. Les marabouts sont des hommes qui, se consacrant à la religion, vivent séparés de leurs compatriotes.

Au mois de mai 1825, Caillé, suffisamment instruit, retourna à Saint-Louis avec les Maures qui vendaient des esclaves pour la traite de la gomme : M. de Roger avait quitté la colonie ; son successeur refusa de lui confier la somme de mille francs nécessaire pour poursuivre sa courageuse entreprise, car il s'était présenté comme possédant une belle cargaison, et n'était revenu à Saint-Louis que sous le prétexte de chercher ses marchandises.

Désespéré d'un manque de confiance qui compromettait sa vie, ou tout au moins sa liberté, il quitta les Braknas, et ce ne fut qu'en 1827, après dix ans passés tant dans nos établissements du Sénégal que chez les Maures, qu'il entreprit avec ses seuls moyens le long et périlleux voyage de Saint-Louis à Tombouctou. La situation géographique de cette ville était encore un problème, pour la solution duquel la Société géographique de France offrait un prix de 10,000 francs.

Le voyageur se réunit à des Mandingues et à des Seracolets qui allaient trafiquer dans l'intérieur ; il dit à ces marchands qu'il était Arabe, qu'ayant été enlevé à ses parents dans son enfance, il s'était évadé de chez ses maîtres dans l'espoir de retourner à Alexandrie, sa patrie, et d'y retrouver sa famille. Le costume maure qu'il portait avec aisance, quelque peu d'arabe et les pratiques de l'islamisme, apprises chez les Braknas, rendirent cette fable plausible pour le plus grand nombre.

Le voyageur avait pour toute fortune deux mille francs ; il convertit les deux tiers de cette somme en marchandises et cacha soigneusement le surplus dans une ceinture qu'il ne quittait jamais : c'était une ressource gardée dans l'espoir du retour, car dans le pays qu'il allait parcourir l'or et l'argent monnayés ne pouvaient pas lui servir. C'est par voie d'échange qu'on se procure toutes choses ; le signe représentatif le plus en usage est de petites coquilles nom-

-mées *cauris*, dont le peu de valeur prouve la pauvreté du pays : 4,000 cauris valent 7 fr. 80 cent., et, selon que le marché devient plus important, on emploie, au lieu de cauris, une feuille de papier, un peu de poudre, du sel, du tabac, des verroteries, des morceaux d'indienne, des couteaux, des armes, un bœuf, des esclaves. Ces derniers moyens d'échange étaient au-dessus de la fortune de René Caillé, toute sa pacotille ne pesait pas cent livres, et ses amis de Sierra-Leone y avaient joint des médicaments, tels que de la crême de tortue, du jalap, divers sels purgatifs, du sulfate de quinine pour couper la fièvre, enfin des emplâtres de diachylon et du nitrate d'argent pour soigner les plaies. Ce fut avec ces faibles ressources que ce jeune homme courut au-devant de dangers et de privations de toute espèce.

Lors de sa première tentative, René Caillé avait tourné ses vues vers le nord du Sénégal. Cette direction offrait peut-être plus de périls que celle suivie plus tard, mais aussi elle présentait d'importantes observations à faire. L'espace que les Maures Braknas franchissent pour se rendre de Podos ou de Ouadan, ville inconnue, à Tombouctou, n'a été parcouru par aucun voyageur.

Forcé de renoncer à ce premier plan, il descendit vers le sud, et partit le 19 avril 1827 de Kakondy, village sur le Rio-Nunez, où se trouvent des factoreries européennes. M. Caillé vit dans ce lieu les lambeaux du major Peddie et de quatre de ses compagnons, morts victimes de l'insalubrité du climat. Il quittait ces silencieux avertissements du sort qui le menaçait pour suivre, côtoyer, croiser en plusieurs endroits la route tracée par l'infortuné Mungo-Park ; mais la crainte est impuissante sur certaines âmes, et une passion puissante centuple les forces.

Le ciel protégea le voyageur, et l'expérience vint prouver que l'isolement et un déguisement qui a l'apparence de la pauvreté sont préférables, pour voyager en Afrique, à une suite nombreuse et à l'attirail d'un voyageur qui s'entoure d'une multitude de précautions contre les attaques à main armée, les privations, les fatigues et les maladies. Le seul inconvénient de la manière de voyager adoptée par M. Caillé, et il est grave, c'est la difficulté d'échapper à la surveillance des sauvages pour prendre des notes, et l'impossibilité des observations scientifiques ; M. Caillé faillit être massacré comme sorcier pour avoir essayé de prendre la hauteur du soleil sans autre instrument qu'un bâton.

Le 13 mars 1828, après onze mois de marche à pied, la caravane traversa le Dhialiba, ou Niger, fleuve de l'intérieur dont tu sais que l'exploration a coûté la vie à Mungo Park, et entra dans une grande île où se trouve située la ville de Jenné.

Jenné, capitale du Bambara dans la Nigritie, est une des villes les plus importantes et les plus civilisées de l'intérieur de l'Afrique; elle est habitée par des Maures et des nègres Bambaras. La plus grande partie de la population s'occupe du commerce; les principaux articles sont : l'or, l'ivoire, le sel, le riz, la cire, les étoffes, qui sont accaparés par les Maures; les noirs trafiquent d'objets moins importants; ils expédient à Tombouctou des fruits, des légumes, des calebasses, des pâtes de terre. La traite des noirs est encore une branche d'industrie également exploitée par les Maures et les Bambaras. Ils vendent leurs esclaves aux marchands Mandingues, qui les expédient ensuite à travers le grand désert sur Mogador, Tunis, Tripoli : les prix ordinaires sont de 25, 30, 40,000 cauris, ce qui ne te paraîtra pas très cher si tu te souviens que 4,000 cauris valent un peu moins de 8 francs de notre monnaie. On promène ces malheureux sans vêtements et on les crie par les rues comme les plus viles marchandises.

La ville de Jenné peut avoir deux milles et

demi de tour ; son mur d'enceinte est construit
en terre, sa hauteur est de dix pieds, l'épaisseur
de quatorze pouces ; il est percé de plusieurs
portes étroites et basses ; les rues ne sont point
alignées, mais assez larges ; les maisons, bâties
en briques séchées au soleil, ont, pour la plupart, un étage ; elles sont toutes à terrasse,
n'ayant point de fenêtres à l'extérieur. La porte
principale est en fortes planches. Il a semblé à
Caillé que ces planches étaient sciées, mais il
n'a pas pu s'en assurer. A cette porte est une
serrure grossière en bois, quelquefois en fer.
Le rez-de-chaussée est occupé par les magasins
et une écurie. On monte au premier étage par
un escalier en terre, souvent mal posé et peu
solide. Les chambres sont d'étroits corridors ;
le mobilier se compose d'une natte pour se
coucher, et d'un sac de cuir attaché à la muraille, qui sert à serrer les habits. Les chambres
ouvrent sur une petite cour intérieure ; au-dessus
est la terrasse où maîtres et esclaves se réunissent le soir pour souper.

Le marché de Jenné est très bien assorti,
approvisionné ; outre les marchandises qui s'y
étalent sur des paniers, il y a à l'entour de petites boutiques où l'on vend des marchandises
d'Europe, des toiles de coton unies et impri-
mées, des quincailleries.

Les Maures n'ont point de boutiques, mais
leurs magasins sont bien mieux fournis que ceux
du marché en objets de prix ; c'est chez eux
que l'on trouve des soieries, des armes à feu,
de la poudre, du papier, des aiguilles, du sucre blanc et du thé. Ces dernières denrées sont
d'un grand luxe ; on sert le thé dans des espèces
de coquetiers, et seulement quand on reçoit des
hôtes auxquels on veut faire honneur.

Les habitants de Jenné sont vêtus d'un caussabe ou chemise en étoffe du pays, d'un panta-
lon attaché sur les hanches par une coulisse, et
qui descend jusqu'à la cheville. Personne ne va
pieds nus que les esclaves ; les souliers sont en
cuir de diverses couleurs, apportés de Maroc ;
ils ont la forme de nos pantoufles. La coiffure
des gens riches est un bonnet rouge recouvert
d'un morceau de mousseline arrangé en forme
de turban, les hommes d'une classe inférieure
portent des bonnets fabriqués dans le pays.

Les femmes se couvrent aussi du caussabe,
mais elles mettent un pagne par dessus ; leurs
cheveux sont tressés et rattachés sur leur tête :
elles ont des colliers, des bracelets, des boucles
d'oreilles en or, ambre, corail, verroterie ; elles
se passent un anneau au bout du nez.

Les environs de la ville sont marécageux ;
les Jennéens font cultiver par leurs esclaves

quelques terres sur les bords du fleuve. On y recueille aussi du fourrage pour la nourriture des chevaux. La denrée la plus rare et la plus chère c'est le bois, mais la chaleur excessive du climat rend cet inconvénient moins sensible.

La population est de 8 à 10 mille habitants ; beaucoup sont étrangers, Mandingues, Foulahs, qui viennent de l'ouest ; Bambaras et Maures, du sud et du nord. Le roi de Jenné, Sego-Ahamadou, est Foulah de nation et musulman fanatique ; il ne soufre pas d'infidèles dans la ville ; il est aussi très belliqueux et fait une guerre opiniâtre aux Bambaras idolâtres pour les soumettre à la loi du prophète.

On s'embarque sur le fleuve pour se rendre à Jenné ; les grandes pirogues qui transportent les voyageurs et les marchandises ont ordinairement quatre-vingt-dix à cent pieds de long sur douze à quatorze de large. Comme elles n'ont pas de voiles, elles ne peuvent marcher que par un temps très calme, on les manœuvre avec de longues perches de douze à quinze pieds ; quand elles ne peuvent plus atteindre le fond, on y supplée par des rames ; le patron se tient derrière et gouverne avec une grande perche. Le gouvernail est souvent insuffisant pour diriger une aussi grande machine.

Ces embarcations, quelle que soit leur dimension, sont peu solides ; ce sont des planches de cinq pieds de long sur huit pouces de large, attachées ensemble par une couture faite en cordes de chanvre du pays, ou de feuilles d'un arbre appelé ronnier ; ces dernières ont l'avantage de rester longtemps dans l'eau sans se pourrir. La couture ne rapprochant pas les planches aussi complètement que le feraient des clous, on calfate l'ouverture avec de la paille pilée et mêlée de vase argileuse ; quand tous les trous sont ainsi bouchés, on met par dessus une quantité suffisante de paille fraîche qu'on assujétit par une seconde couture. Ainsi consolidée, la barque peut naviguer ; mais elle fait eau, et, comme l'usage des pompes est inconnu aux mariniers du Niger, deux esclaves sont continuellement occupés à jeter l'eau avec des calebasses ; quelque dextérité qu'ils mettent à ce travail, il y a toujours un demi-pied d'eau dans la cale. Ces frêles embarcations ont en chargement soixante à quatre-vingts tonneaux, quarante à cinquante esclaves, vingt et quelques hommes d'équipage et des passagers. Ainsi chargées, les pirogues chavirent facilement ; et, malgré de fréquentes stations sur le rivage, chaque transport de marchandises éprouve des sinistres ; pour atténuer le mal autant que possible, les marchands forment des flottilles de

quatre-vingts à cent embarcations, et les se-
cours sont prompts; cependant ils ne sauvent
pas toujours la totalité des marchandises.

Un autre inconvénient de la navigation sur
le Niger, ce sont les importunités, ou, pour
mieux dire, les brigandages des Touariks ou
Sanglou, peuple nomade qui parcourt les bords
du fleuve et les environs de Tombouctou. Ces
hommes quittent leur pays et viennent par
bandes rançonner les marchands, auxquels ils
se rendent si redoutables, qu'il suffit de cinq à
six Touariks pour faire contribuer toute une
flottille. Cependant ils ignorent l'usage des armes à feu, et les Maures qui ont tous des fusils
à deux coups, de fabrique française ou anglaise,
de la poudre et des balles en fer, pourraient
leur résister; mais ils sont convaincus que si
l'on en venait aux mains avec les Touariks,
toutes communications avec Tombouctou seraient interceptées, et ils préfèrent acheter la
paix par des présents.

Les Touariks ont, comme les Arabes, de
beaux chevaux; leur principale richesse consiste
en bestiaux, dont le lait leur offre une ressource
certaine dans la saison des pluies. Leur costume
malpropre et négligé ne diffère de celui des
Jennéens que par une bande de toile de coton
qui passe sur le front, descend sur les yeux

s'avance jusque sur le nez, de sorte qu'ils sont obligés de lever la tête pour voir. Cette bande fait deux tours sur la tête, passe sous le nez et enveloppe le menton. Ils ne l'ôtent pas pour manger ; ils sont tous bons cavaliers et très adroits dans le maniement de leurs armes, qui consistent en plusieurs piques et un poignard qu'ils portent au bras gauche ; la lame est en haut et la poignée sur la main. Ils ont en outre un bouclier en cuir de bœuf tanné. Ces boucliers, de la forme de ceux des anciens chevaliers, sont bien travaillés ; ils couvrent le cavalier presque en entier. Les Touariks ont le teint très brun, mais peu noir, le nez aquilin, de grands yeux, la bouche belle, les cheveux longs et lisses ; on les croit issus d'une race arabe, quoique leur idiome n'ait aucune analogie avec celui de ces peuples ; ils sont déterminés, mais pillards et cruels. M. Caillé est convaincu que ce sont eux qui ont assassiné Mungo Park.

Enfin, le 20 avril 1828, un an après avoir quitté les Européens à Kakondy, René Caillé pénétra dans la mystérieuse cité de Tombouctou ; c'était le but de ses travaux, la récompense des fatigues et des dangers auxquels il avait été exposé. L'aspect de cette ville, conquise sur les sables du désert, a quelque chose d'imposant ; cependant on s'était beaucoup exagéré ses richesses et sa civilisation. Entrepôt du commerce entre les régences, l'ouest et le sud de l'Afrique, elle n'a aucune industrie qui lui soit propre ; sa situation au milieu de sables arides ne lui permet pas de se livrer à l'agriculture ; elle reçoit tous ses approvisionnements de Jenné. De là, la dépendance où les Touarks tiennent les habitants ; s'ils interceptaient les arrivages, Tombouctou éprouverait immédiatement les horreurs de la famine.

La ville de Tombouctou est habitée par des nègres de la nation Kissaur ; beaucoup de Maures y sont établis ; ils y font le commerce et jouissent d'une grande considération, qu'ils doivent à leurs richesses et à une intelligence supérieure à celle des nègres. La population est de 10 à 12 mille habitants, tous commerçants, et d'un assez grand nombre d'esclaves. La ville peut avoir trois milles de tour ; elle est posée sur le penchant d'une colline, et de quelque côté que l'on promène ses regards sur les environs, on n'aperçoit que des plaines immenses de sable mouvant, d'un blanc tirant sur le jaune, et de la plus grande aridité. Le ciel à l'horizon est d'un rouge pâle ; tout est triste dans la campagne, on n'entend pas le chant d'un seul oiseau.

Petit André.

4

Les maisons sont grandes, élevées seulement d'un rez-de-chaussée et surmontées d'une terrasse; elles sont construites en briques rondes, roulées dans les mains et séchées au soleil.

Les rues de Tombouctou sont assez larges pour que trois cavaliers puissent passer de front. On y voit entremêlées aux maisons beaucoup de huttes en paille de forme ronde écrasée, et n'ayant d'autre ouverture qu'une porte basse et cintrée. Ces huttes, qui ressemblent assez à des ruches à miel, sont les logements des pauvres et des esclaves, qui vendent des marchandises pour le compte de leurs maîtres. Il y a dans la ville sept mosquées, deux grandes et cinq petites : les premières sont surmontées d'une tour.

Le roi ou gouverneur est un nègre très zélé Musulman. Sa dignité est héréditaire dans sa famille; son pouvoir, assez étendu, très respecté de ses sujets. Cependant, rien dans ses habitudes, dans son costume, ne le distingue des riches marchands; il est marchand lui-même, et ses enfants font le commerce à Jenné. Son gouvernement est tout paternel; il ne perçoit aucun tribut sur le peuple ni sur les marchands. Sa principale fonction est celle de juge, qu'il exerce assisté d'un conseil des anciens, toujours composé de nègres Kissaurs. Les Maures ne sont pas admis à y siéger.

Lorsque M. Caillé fut présenté à ce prince, il le trouva au milieu de sa cour, assis sur une belle natte avec un riche coussin. Osman, qui régnait en 1828, était un homme de cinquante à cinquante-cinq ans. Sa physionomie douce, ses cheveux blancs et crépus, sa barbe grise, qui formait un singulier contraste avec sa peau d'un beau noir foncé, offraient un ensemble bizarre, mais qui ne manquait pas de dignité. Il avait le nez aquilin, les lèvres minces et les yeux très grands. Ses vêtements, semblables à ceux des Maures de Jenné, étaient faits en étoffe d'Europe. Osman se montra très affable envers notre compatriote. Après avoir interrogé en langue kissaure les Maures qui l'accompagnaient, il l'entretint lui-même quelque temps en arabe, le questionnant avec intérêt sur ses aventures.

Les habitants de Tombouctou sont bons et de mœurs douces. M. Caillé n'a eu qu'à se louer de leurs procédés, et l'infortuné major Ling, apporté mourant dans cette ville, y fut accueilli avec humanité et y demeura paisible, en sûreté, quoique connu pour étranger et chrétien. Cet officier était parti de Tripoli, et se rendait à Tombouctou, en traversant le grand désert de Sahara. La plus grande partie de ce pénible voyage s'effectua sans accident majeur;

mais à une petite distance de la capitale du
Sandon, la caravane fut visitée par les Touariks
toujours en embuscade pour rançonner les
marchands. Le major n'avait pas quitté ses
habits européens; reconnu pour étranger et
chrétien, il fut horriblement maltraité par ces
barbares, qui ne cessèrent de le frapper à coups
de bâton que quand ils le crurent mort. Ses
compagnons de voyage s'étant aperçus qu'il
respirait encore, le transportèrent à Tombouctou.
Une lettre du scheik de Tripoli, dont il était
porteur, le fit accueillir par les Maures; ils
soignèrent ses blessures, qui guérirent. Il put
ensuite habiter la ville, la visiter en détail, et
dessiner même des vues sans être tourmenté.
Mais une cruelle catastrophe devait signaler le
départ du malheureux voyageur et anéantir
tous ses travaux.

Le désir du major Ling était de retourner en
Europe en suivant en sens inverse la route vers
le Sénégal parcourue deux ans plus tard par
René Caillé. Les Mandingues et les Seracolets,
auxquels il s'adressa, refusèrent de l'admettre
dans leur caravane, l'assurant que les Foulahs
et encore moins Sego-Ahamadou, leur roi, ne
souffriraient pas qu'un chrétien traversât leur
pays. Contraint par ce refus à traverser une
seconde fois le désert, le major Ling partit avec

une caravane qui se rendait à Maroc. Le cinquième jour de marche, ils furent rencontrés par des Maures nomades de la tribu de Zaouat, l'une de celles qui se partagent les sept oasis du désert. Le chef des Zaouats s'opposa à ce que le chrétien continuât sa route, sous prétexte qu'il avait pénétré sur ses terres sans sa permission. Les Maures de la caravane voulurent prendre le parti de Ling. Le Zaouat, maître de sa victime, lui commanda de reconnaître Mahomet pour le seul vrai prophète. Le major préféra la mort à ce blasphème. Il fut étranglé sur l'ordre du scheik, et son corps abandonné aux animaux carnassiers. Ses notes, ses livres, ses vêtements et quelques instruments de mathématiques qu'il avait avec lui furent partagés entre les Zaouats. Ils sont aujourd'hui l'objet des recherches du gouvernement anglais. Caillé a entendu parler à Tombouctou d'un sextan et d'une boussole qui auraient été vus entre les mains des sauvages. Mais les papiers, qui offrent un bien plus grand intérêt que ces instruments, seront plus difficiles encore à retrouver, s'ils ne sont pas perdus à tout jamais.

NEUVIÈME JOURNÉE.

La Cafrerie.

ANDRÉ. La Cafrerie comprend le pays des Cafres et celui des Hottentots. Elle est bornée au nord par la Nigritie et l'Abyssinie, à l'ouest se trouvent la Guinée, le Congo et la mer ; au sud, le cap de Bonne-Espérance ; à l'est, l'Océan Indien et le Monomotapa.

Cette partie de l'Afrique, habitée par des peuplades idolâtres, présente cependant moins de danger aux voyageurs que les régions demi-civilisées du centre.

Les nègres sont moins féroces que les Maures ; la nécessité seule leur met les armes à la main. En ne les attaquant pas, on peut vivre parmi eux et parcourir leur pays en sûreté. Ils ont beaucoup d'enfantillage dans le caractère et peu de suite dans les idées ; ils se laissent facilement éblouir par des objets nouveaux ; incapables de prévoyance, ils donneraient leurs troupeaux, leurs terres, leurs enfants, pour quelques brimborions qu'ils ne connaîtraient pas. On ignore encore quelle est au juste leur religion ; mais on sait que tous croient à la magie, et il est aisé à un Européen de leur imposer, à l'aide de connaissances souvent bien superficielles. Un miroir, une lunette d'approche, sont pour eux des phénomènes qu'ils ne peuvent expliquer que par un pouvoir surnaturel ; d'ailleurs nous possédons toujours deux grands moyens d'action sur les sauvages : les armes à feu qui les intimident, et l'eau de-vie qui les séduit à tel point qu'un nègre vendrait jusqu'à sa liberté, si un Européen lui promettait *de l'eau de son pays* à boire à discrétion.

Les Cafres proprement dits occupent les contrées les plus rapprochées de la ville du Cap, fondée en 1680 par les Hollandais, et dont les Anglais sont maîtres depuis 1795.

Le pays des Cafres est riche en pâturages et en beaux végétaux, tels qu'en mimosa, aloès, euphorbe. Les naturels ont la peau très noire, ils sont grands, bien faits, plus actifs et plus belliqueux que les autres sauvages ; ils ont acquis une grande renommée et sont redoutés même des colons qui ont des habitations éloignées de la ville du Cap ; cependant, au diré de Levaillant, voyageur français qui a passé plusieurs années en Afrique, ces craintes sont exagérées, et les Cafres ne sont pas dangereux pour quiconque sait être juste et ferme dans ses rapports avec eux.

Les hommes et les femmes se couvrent la figure de tatouages bizarres ; ils vont nus, à l'exception des épaules qui sont couvertes d'un manteau de peau d'hyène ou de panthère. Les hommes se couvrent le milieu du corps d'une ceinture, les femmes d'un petit tablier en peau.

Les armes des Cafres sont un arc, des flèches, et une pique ou javelot qu'ils lancent avec beaucoup d'adresse. Ayant à lutter continuellement contre des lions, des tigres, des rhinocéros, les sauvages du Sud suppléent à la faiblesse de leurs armes en les empoisonnant. Ils savent tirer le suc d'une plante très commune dans leurs pays, nommée euphorbe. Les serpents, leurs ennemis les plus nombreux et les plus redoutables, parce qu'ils blessent en se glissant dans l'ombre, leur fournissent aussi un poison très actif. Quand ils ont abattu un serpent, ils coupent sa tête, en évent adroitement les vésicules qui contiennent le venin, et l'en extraient. Cette opération faite, le reste du corps du serpent n'a plus rien de venimeux, et les sauvages le mangent sans répugnance. Il existe aussi une espèce de chenille blanche et noire dont ils tirent un poison très actif dans lequel ils trempent la pointe, qui doit être en os, car ces sub-

stances vénéneuses corroderaient le fer. Une
flèche ainsi empoisonnée arrête dans sa course
l'animal le plus redoutable, et le venin, se mê-
lant avec le sang, cause promptement sa mort.

En outre des méchantes bêtes que je viens de
vous nommer, il y a encore au cap de Bonne-
Espérance, et sur la côte de Mozambique, un
grand nombre d'éléphants et d'hippopotames,
auxquels on fait une chasse assidue pour avoir
leurs dents ; c'est de là que l'on tire l'ivoire
qui se trafique dans le Sandon et se transporte
par terre jusqu'en Barbarie et en Egypte. La
chair de ces animaux est un mets très recherché
des sauvages, et leur peau sert à couvrir les
huttes.

Sur la côte de Mozambique l'éléphant est,
comme dans l'Inde, serviteur; on l'élève à rendre divers services ; il devient bête de somme,
et l'on voit un roi nègre, à demi nu, aussi fiè-
rement assis sur ses robustes épaules qu'un
rajah de l'Inde.

LES HOTTENTOTS.

ANDRÉ. Les Hottentots sont divisés en plusieurs tribus ; quelques-unes sont restées sur le
territoire envahi par la colonie. Les hommes de

4..

ces tribus offrent aux colons des serviteurs honnêtes et dévoués, mais paresseux, bornés et
poltrons. Les Hollandais avaient songé à enré-
gimenter les naturels, pour les faire concourir
à la défense de la ville du Cap. Rien n'était plus
plaisant que de voir ces pauvres Hottentots,
droits comme des piquets, serrés les uns contre
les autres, attachant sur leur commandant des
regards stupides ; mais c'était cependant là le
seul moment où ils pouvaient faire illusion de
soldats ; car, incapables de distinguer leur
droite d'avec leur gauche, le commandement
les agitait d'un mouvement convulsif ; et, tour-
nant à contre-temps, ils se heurtaient, ceux-là
dos à dos, ceux-ci face contre face ; et dès que
leur instructeur se détournait, on les voyait
sauter ou s'accroupir comme des singes ; de
plus, le bruit de l'artillerie suffisait seul pour
les mettre en fuite. Fort étrangers à nos idées
d'honneur, ils ne comprennent que la guerre
d'embuscade, guettent leur ennemi, qu'il soit
homme, lion ou chacal, et tâchent de le tuer
en courant le moins de risque possible.

Les Hottentots sont très gais ; comme tous
les nègres, ils aiment passionnément la danse
et la musique ; ils ne sont pas difficiles pour
cette dernière. Dans son premier voyage,
M. Levaillant avait captivé toute une horde en

jouant de la guimbarde. Dans le second, il devint l'Amphion d'une famille entière en râclant sur un instrument très improprement nommé violon par un colon qui en avait fait les cordes lui-même, et le laissait accroché depuis dix ans auprès du foyer de son habitation. Mais quelle que fût cette musique, elle transporta d'aise l'assemblée. On se mit à se trémousser et à sauter, jusqu'à ce que la lassitude eût épuisé les forces. Le lendemain, il fallut recommencer à jouer du violon, et le jour suivant encore ; mais, à ce prix, le voyageur devint l'arbitre des volontés de ces gens. Il obtint des guides pour l'accompagner dans ses excursions, des bêtes de somme pour porter ses bagages. Il parvint même, par la puissance de cette divine harmonie, à concilier de vieilles haines et à rapprocher des familles désunies.

Les Hottentots indépendants habitent au nord du cap de Bonne-Espérance. La principale richesse de ces peuples, qui ignorent complètement l'agriculture, consiste en bestiaux, et, par un phénomène qui semble inexplicable. les bœufs et les moutons de ceux qui habitent les côtes de l'est sont chétifs, tout en vivant sur un terrain gras et fertile, tandis qu'à l'ouest ces animaux acquièrent une taille et une force extraordinaires sur un sol aride.

Les Hottentots, quoique moins grands que les Cafres, sont cependant d'une taille au-dessus de la moyenne. Leur peau n'est pas absolument noire, leur nez est écrasé, les pommettes de leurs joues très saillantes. Ainsi que je vous l'ai déjà dit, ils ne sont point braves. Cependant ils ont à se défendre contre de terribles ennemis, les lions et les serpents. Pour combattre ceux-ci, Dieu leur a associé un puissant auxiliaire ; c'est un grand oiseau de proie, le *secrétaire*, ainsi nommé d'une aigrette couchée contre la tête, comme les scribes placent leurs plumes quand ils cessent d'écrire. Le combat est très vif entre les deux ennemis. Lorsque le serpent reconnaît l'infériorité de ses forces, il appelle la ruse à son aide, et toutes ses manœuvres tendent à la retraite, avec cette astuce dont il est l'emblème; mais l'oiseau, aussi fin que lui, lui barre constamment le passage ; et, quelques détours que prenne le serpent, il trouve toujours le secrétaire devant lui. Alors, s'armant de courage, le reptile cherche à son tour à intimider son ennemi ; il dresse avec un sifflement affreux sa tête menaçante, toute gonflée de venin. L'oiseau s'arrête un instant, puis couvrant son corps de l'une de ses ailes, comme d'un bouclier, il revient à la charge et frappe de l'autre aile des coups de massue, car les ailes du secrétaire sont armées de protubérances osseuses et douées d'une force prodigieuse. Dès que le serpent est étourdi, l'oiseau s'élance sur lui, et lui ouvre le crâne d'un coup de bec.

Quoique le secrétaire soit extrêmement glouton, ce ne sont ni la faim ni la gourmandise qui le portent à attaquer les serpents, mais bien l'antipathie. Aussi les Hottentots le respectent et le révèrent. Ce serait un crime à leurs yeux que de tuer un de ces oiseaux.

Les lions sont surtout redoutables quand ils ont des lionceaux. Malheur à la horde qui est voisine de leur antre! Elle voit ses troupeaux diminuer chaque nuit, et les hommes ne sont pas plus à l'abri que le bétail des attaques de ces grands carnivores. Voici le récit d'une chasse à laquelle prit part M. Lavaillant. Le chef d'une horde de grands Namaquois vint le supplier d'employer la supériorité de ses armes à délivrer le kraal, ou village, du voisinage de deux lions mâle et femelle. Le voyageur y consentit, et se chargea de la conduite de l'entreprise.

Les deux lions s'étaient établis dans un fourré très épais composé d'épines et de buissons ; le terrain était en pente, de sorte qu'il fallait descendre pour aller du bord au fond, où se tenaient probablement les deux redoutables bêtes :

c'était là un ces exploits fabuleux dont on
ne trouve le récit que dans les romans. M. Levaillant et les Namaquois durent borner leurs
efforts à chercher à débusquer les lions pour
les tirer ensuite au passage ; ils lancèrent d'a-
bord les chiens, qu'ils firent soutenir par des
bœufs dressés. Les Hottentots dressent au combat du lion des bœufs qu'ils emploient à la défense des troupeaux dans les guerres de nation à nation; ils leur font attaquer les rangs ennemis comme Xercès et Pyrrhus faisaient combat-
trel eurs éléphants ; mais cette fois les bœufs, in-
timidés par les rugissements des lions, reculè-
rent. Repoussés par les chasseurs, les décharges
des armes à feu, les aboiements des chiens,
ils entrèrent en fureur, se ruèrent les uns sur les
autres en mugissant d'une manière épouvantable.
De leur côté, les lions se mirent à parcourir leur
repaire en poussant des rugissements horribles.
On les entendait de tous côtés sans qu'ils se mon-
trassent nulle part à découvert. Enfin la mère,
exaspérée par le danger, voulut s'élancer sur ses
ennemis; à l'instant elle tomba frappée d'une bal-
le. Après ce premier succès les chasseurs atten-
dirent vainement que le mâle et les enfants sor-
tissent de leur retraite ; le lion se contenta de
rugir, et dans la nuit il se retira avec ses deux
lionceaux ; il fallut se contenter de la dépouille
de la lionne.

Dans les marchés, les mères placent sur leur croupe les enfants qui ne pourraient suivre; ils s'y tiennent en équilibre comme de petits jockeis derrière un cabriolet.

Les Houzouanas sont des sauvages nomades plus braves et plus intelligents que les Hottentots; ils sont, comme les Cafres, l'effroi de leurs voisins, mais à plus juste titre encore; car au lieu d'habiter un pays riche et abondant en toutes sortes de choses, ils vivent dans des déserts, sans autres ressources que la chasse ou le pillage des troupeaux qu'ils vont enlever aux pâturages.

Les Houzouanas n'ont pour armes qu'un arc et des flèches, dont ils se servent avec une adresse admirable.

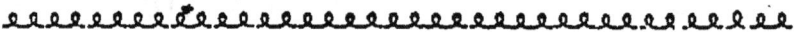

DIXIÈME JOURNÉE.

Détails sur le royaume de Juida et ses habitants. — Superstitions et serpent fétiche des nègres de Juida.

La côte des Esclaves comprend plusieurs petits royaumes qui tous font le commerce des esclaves. Celui de Juida est le centre de ce commerce, et le pays le plus fréquenté et le mieux connu des Européens sous cette latitude.

Tous les Européens qui ont fait le voyage de Juida conviennent que c'est une des plus délicieuses contrées de l'univers. Les arbres y sont d'une grandeur et d'une beauté admirables, sans être masqués, comme dans les autres parties de la Guinée, par des buissons et de mauvaises plantes. La verdure des campagnes, qui ne sont divisées que par des bosquets ou par des sentiers fort agréables, et la multitude des villages qui se présentent dans un si bel espace, forment la plus charmante perspective qu'on puisse imaginer. Il n'y a ni montagnes ni collines qui arrêtent la vue ; tout le pays s'élève doucement, jusqu'à trente ou quarante milles de la côte, comme un large et magnifique amphithéâtre, d'où les yeux se promènent jusqu'à la mer. Plus on avance, plus on le trouve peuplé. C'est la véritable image des Champs-Elysées ; du moins les voyageurs osent donner ce nom à cette belle contrée, sans réfléchir qu'un pays où l'on trafique sans cesse de la liberté des hommes rappelle plutôt l'idée de l'enfer que celle de l'Elysée.

A ceux qui viennent de la mer, cette contrée présente un spectacle charmant : c'est un mé

lange de petits bois et de grands arbres ; ce
sont des groupes de bananiers, de figuiers,
d'orangers, etc., au travers desquels on décou-
vre les toits d'un nombre infini de villages dont
les maisons, couvertes de paille et couronnées
de cannes, forment un très beau paysage.

Les nègres de Juda, bien différents de la
plupart des peuples de Guinée, n'abandonnent
que les terres absolument stériles ; tout est
cultivé, semé, planté jusqu'aux enclos de leurs
villages et de leurs maisons. Leur activité va si
loin que le jour de leur moisson ils recommen-
cent à semer, sans laisser à la terre un moment
de repos. Aussi leur terroir est-il si fertile qu'il
produit deux ou trois fois l'année. Les pois
succèdent au riz, le millet vient après les pois, le
maïs après le millet, les patates et les ignames
après le maïs. Les bords des fossés, des haies
et des enclos sont plantés de melons et de légumes : il ne reste pas un pouce de terre en
friche. Leurs grands chemins ne sont que des
sentiers. La méthode commune pour cultiver
la terre est de l'ouvrir en sillons : la rosée
qui se rassemble au fond de ces ouvertures, et
l'ardeur du soleil qui en échauffe les côtés,
hâtent beaucoup plus le progrès de leurs plantes
et de leurs semences que dans un terroir plat.

Tout le pays est rempli de villages et si peuplé qu'il ne paraît composer qu'une seule ville divisée en autant de quartiers, et partagée seulement par des terres cultivées qu'on prendrait pour des jardins.

Les principales marchandises du royaume de Juida sont les étoffes de la fabrique des femmes, les nattes, les papiers, les cruches pour le peytou, les calebasses de toutes sortes de grandeurs, les plats et les tasses de bois, les pagnes rouges et bleus, la malaguette, le sel, l'huile de palmier, le kanky, et d'autres denrées.

Les nègres de ce pays appartiennent à la côte des Esclaves, dans la Guinée ; ils appréhendent tellement la mort qu'ils ne peuvent en entendre parler, dans la crainte de hâter son arrivée en prononçant son nom ; c'est un crime capital de la nommer devant le roi et les grands. Bosman, dans son premier voyage, se disposant à partir, demanda au roi, qui lui devait environ cent livres sterling (2,400 fr.) de qui il recevrait cette somme à son retour, en cas de mort. Tous les assistants furent extrêmement surpris à cette question ; mais le roi, qui entendait un peu la langue portugaise, considérant que Bosman ignorait les usages du pays, lui répondit avec un sourire : « Soyez là-dessus sans inquiétude ; vous ne me trouverez pas mort, car je vivrai toujours. » Bosman s'aper-

çut fort bien qu'il avait commis une imprudence.
Lorsqu'il fut retourné au comptoir, son interprète
lui apprit qu'il était défendu, sous peine de la vie,
de parler de mort en présence du roi, et, bien
plus, de parler de la sienne. Cependant, étant
devenu plus familier avec ce prince, dans son
second et dans son troisième voyage, il prit
la liberté de railler souvent les seigneurs de la
cour sur la crainte qu'ils avaient de la mort;
il parvint à les faire rire de leur propre faiblesse,
et le roi même prenait plaisir à l'entendre;
mais les nègres n'en étaient pas moins ré-
servés, et n'osaient ouvrir la bouche sur le
même sujet.

Le voyageur Desmarchais donne une description fort exacte de l'espèce de serpent qui
fait le principal sujet de la religion de Juida,
et qu'on nomme serpent fétiche. Cette espèce a
la tête grosse et ronde, les yeux bleus et fort
ouverts, la langue courte et pointue comme un
dard, le mouvement d'une grande lenteur,
excepté lorsqu'elle attaque un serpent venimeux ; elle a la queue petite et pointue, la peau
fort belle ; le fond de sa couleur est un blanc
sale, avec un mélange agréable de raies et de
taches jaunes, bleues et brunes. Ces serpents
sont d'une douceur surprenante : on peut marcher sur eux sans crainte, ils se retirent sans
aucune marque de colère.

Ils sont si privés qu'ils se laissent prendre et manier. Leur unique antipathie est contre les serpents venimeux dont la morsure est dangereuse ; ils les attaquent dans quelque lieu qu'ils les rencontrent, et semblent prendre plaisir à délivrer les hommes de leur poison. Les blancs mêmes ne font pas difficulté de manier ces innocentes créatures, et badinent avec elles sans le moindre danger. Il ne faut pas craindre de les confondre avec les autres. L'espèce de serpents venimeux est noire, longue de deux brasses, et d'un pouce et demi de diamètre ; ils ont la tête plate et deux dents crochues ; ils rampent toujours la tête levée et la gueule ouverte, attaquant ce qui ce présente. Le serpent sacré a moins de longueur, il n'a point ordinairement plus de sept pieds et demi ; mais il est aussi gros que la cuisse d'un homme. Les nègres assurent que le premier père de cette race est encore vivant, et qu'il est d'une prodigieuse grosseur.

Une des principales raisons qui l'a fait choisir aux nègres pour l'objet de leur culte est la bonté de son naturel. C'est un crime capital de lui nuire ou de l'outrager volontairement ; mais s'il arrive par hasard qu'on marche dessus, il se retire avec plus de frayeur que de colère ; ou, s'il mord, la blessure et toujours sans danger.

Ce serpent vient d'Ardra dans son origine ; il fut apporté avec toutes sortes d'honneurs ; on lui bâtit un temple, on assigna un fonds pour sa subsistance, et bientôt ce nouveau fétiche prit l'ascendant sur toutes les anciennes divinités; son culte ne fit ensuite qu'augmenter à proportion des faveurs dont on se crut redevable à sa protection. C'est lui qui préside au commerce, à la guerre, à l'agriculture, aux maladies, à la stérilité, etc. Le premier édifice qu'on avait bâti pour le recevoir parut bientôt trop petit, On prit le parti de lui élever un nouveau temple, avec de grandes cours et des appartements spacieux ; on établit un grand pontife et des prêtres pour le servir. Tous les ans on choisit quelques filles qui lui sont consacrées.

Ce qu'il y a de plus remarquable, c'est que les nègres de Juida sont persuadés que le serpent qu'ils adorent aujourd'hui est le même qui fut apporté par leurs ancêtres, et qui leur fit gagner une glorieuse victoire. La postérité de ce noble animal est devenue fort nombreuse, et n'a pas dégénéré des bonnes qualités de son premier père. Quoiqu'elle soit moins honorée que le chef, il n'y a pas de nègre qui ne se croie fort heureux de rencontrer des serpents de cette espèce, et qui ne les loge et ne les nourrisse avec joie. Il les régale avec du lait. Si c'est une femelle, et qu'ils s'aperçoivent qu'elle soit pleine, ils lui construisent un nid pour mettre ses petits au monde, et prennent soin de les élever jusqu'à ce qu'ils soient en état de chercher leur nourriture. Comme ils sont incapables de nuire, personne n'est porté à les insulter ; mais s'il arrivait à quelqu'un, nègre ou blanc, d'en tuer ou d'en blesser un, toute la nation serait prompte à se soulever. Le coupable, s'il était nègre, serait assommé ou brûlé sur-le-champ, et tous ses biens confisqués; si c'était un blanc, et qu'il eût le bonheur de se dérober à la furie du peuple, il en coûterait une bonne somme à sa nation pour lui procurer la liberté de reparaître devant eux.

Les animaux qui tueraient ou blesseraient un serpent fétiche ne seraient pas plus à couvert du châtiment que les hommes. En 1697, un porc qui avait été tourmenté par un serpent se jeta dessus et le dévora. Nicolas Pell, facteur hollandais, qui fut témoin de cette scène, ne put être assez prompt pour l'empêcher. Les prêtres portèrent leur plainte au roi, et personne n'osant prendre la défense des porcs, ils obtinrent de ce prince une sentence qui condamnait à mort tous les porcs du royaume. Des milliers de nègres, armés d'épées et de massues, commencèrent aussitôt cette sanglante exécution.

En vain les maîtres représentèrent l'innocence de leurs troupeaux : toute la race eût été détruite, si le roi, qui n'avait pas l'humeur sanguinaire, n'eût arrêté le massacre par un contre-ordre.

FIN.

TABLE.

—

FIN DE LA TABLE.

LIMOGES ET ISLE,
Imprimeries de EUGÈNE ARDANT et C. THIBAUT.

www.ingramcontent.com/pod-product-compliance
Lightning Source LLC
Chambersburg PA
CBHW060634100426
42744CB00008B/1621